광신의 무덤

광신의 무덤
Examen Important de Milord Bolingbroke
ou le Tombeau du Fanatisme

2019년 1월 25일 초판 1쇄 발행

지은이   볼테르
옮긴이   고선일

펴낸이   이문수
교정·편집   이만옥
펴낸곳   바오출판사

등록   2004년 1월 9일 제313-2004-000004호
주소   서울시 마포구 토정로 222(신수동 448-6)
            한국출판콘텐츠센터 422-7호
전화   02)323-0518/문서전송 02)323-0590
전자우편   baobooks@naver.com

ISBN 978-89-91428-25-6 03230

LE TOMBEAU DU FANATISME

Voltaire

광신의 무덤

볼테르 지음

고선일 옮김

바오

일러두기

1. 이 책의 원제목은 『볼링브룩 경의 중요한 검토 혹은 광신의 무덤Examen Important de Milord Bolingbroke ou le Tombeau du Fanatisme』(1736)이다.
2. 이 책은 형식적으로 영국의 헨리 세인트 존 볼링브룩 경의 작품으로 되어 있지만, 실제로는 볼테르의 저작이다.
3. 이 책에서 인용하고 있는 성경은 공동번역 성서를 사용하였다.
4. 이 책의 주는 내용의 이해를 돕기 위해 편집자가 붙인 것이다.

머리말

사람들의 정신을 지배하고 싶어 하는 욕망은 우리 인간의 가장 강력한 열망들 중 하나다. 신학자, 선교사, 당파심이 강한 자, 이런 사람들은 마치 군주처럼 '정복'하고 싶어 한다. 그래서 이 세상에는 군주의 통치 권력보다 훨씬 더 많은 수의 종파가 존재한다. 이런 상황에서 과연 나는 내 영혼을 누구에게 맡길 것인가? 내가 런던 혹은 마드리드 출신이라는 이유로 그리스도교 신자가 될 것인가? 아니면 터키에서 태어났다는 이유로 무슬림이 되어야 하나?

나는 오직 '나 자신에 의거하여, 그리고 나를 위해' 사고해야 한다. 종교를 선택하는 문제는 나의 가장 중요한 관심사이기 때문이다. 그런데 여러분은 무함마드를 통하여 신을 찬양한다. 아니면 대라마lama를 통하여, 혹은 교황을 통하여 신을 찬양한다. 딱한 자들이여, 부디 여러분 스스로의 이성으로 신을 찬양하기를!

가장 중요한 문제를 앞에 두고도 대부분의 사람들이 나태함에서 헤어 나오지 못하는 것을 볼 때마다, 우리 인간들이 지금 이 순간밖에 관심이 없는 본능에 좌우되는 하찮은 '동물성 기계'에 불과하다는 게 사실이 아닐까 하는 의구심이 든다. 우리는 우리의 지성을 신체처럼 취급한다. 우리의 지성이나 신체를 돈 몇 푼에 협잡꾼이나 야바위꾼에게 넘겨주는 일이 비일비재하게 일어나니 말이다. 스페인에서는 어리석은 백성들이 사악한 수도승과 야바위꾼의 손아귀에서 죽어가고 있다. 우리 영국에서도 상황은 다르지 않다. 보좌신부, 비국교도, 이런 자들이 일반 백성들의 마지막 순간을 괴롭히고 있다.

극소수의 사람들이 '검토'를 한다. 하지만 이들 역시 당파심 혹은 자신을 내세우고자 하는 욕망으로부터 자유롭지 않다. 우리 시대의 어느 유명 인사는 단지 자신이 콜린스와 원수지간이라는 이유로 그리스도교 신자가 되었다. 휘스턴은 자신이 아리우스파에 속한다는 한 가지 이유만으로 그리스도교 신자였다. 그로티우스는 고마르 추종자들을 눌러 이기는 것밖에는 관심이 없었다. 보쉬에는 칼뱅파를 옹호하는 클로드에 대항하려고 로마 가톨릭을 지지했다.

그리스도교 초기 몇 세기 동안, 아리우스파는 아타나시우스파와 싸움을 벌였다. 로마 황제 율리아누스와 그의 일파는 이 두 종파와 맞서 싸웠다. 그뿐만이 아니다. 지구상의 나머지 사람들은 그리스도교인들과 싸웠는데, 그리스도교인들은 유대교도와 다투고 있었다. 이런 상황에서 과연 누구를 믿어야 할까? 따라서 우리는 반드시 검토를 해야 한다. 검토한다는 것은 누구도 이의를 제기할 수 없는 우리의 의무다.

아무런 검토 없이 종교를 받아들이는 자는 쟁기를 매단 소와 다를 바가 없다.

그리스도교 내에 엄청난 수의 종파가 존재한다는 사실은 "그 종파들이 모두 오류투성이 체계다"라고 말해도 좋을 결정적인 근거가 된다. 현명한 사람이라면 당연히 이런 의문을 품어본 적이 있을 것이다.

하느님께서 하느님에 대한 신앙을 내게 가르쳐주고자 했다면, 그 신앙심이 우리 인류에게 꼭 필요한 것이기 때문이리라. 신앙심이 필수적인 것이라면, 하느님께서는 우리 모두에게 똑같은 신앙을 내려주셨을 것이다. 하느님께서 우리 모두에게 두 눈과 하나의 입을 주신 것처럼 말이다. 모든 인간에게 필수적인 것들은 모두 동일하기 때문에, 하느님에 대한 신앙도 언제나 어디서나 동일해야 하지 않겠는가!

보편적 이성의 원리들은 문명화된 국가라면 어디서나 공통적이다. 이런 나라들은 모두가 하나의 신을 섬기며, 그 신앙이야말로 진리라고 자부할 수도 있다. 하지만 현실은 그렇지 않다. 나라마다 종교가 다르다. 이런 상황에서 그 나라들은 다음과 같은 결론을 내린다.

모두가 한 분이신 하느님을 섬기면서도, 그분에 대해 생각하는 바에는 각자 의견이 다를 수 있다.

조화로운 우주의 원리가 참이라면, 그것과는 완전히 상반된 결론들은 거짓이 될 수밖에 없다. 따라서 그것을 의심하는 것은 당연하다. 게다가 각 종파를 이끄는 우두머리들의 목표가 사람들 위에 군림하고 있는 힘을 다해 부富를 쌓는 것이라는 점, 그리고 일본 천황에서 로마 교황에 이르기까지 모두가 백성들의 빈곤 위에 세워지고 그들의 피가 엉겨 붙은 권좌에 오르는 것밖에 관심이 없다는 점, 이 두 가지 사실을 깨달았을 때, 의심은 더욱 커진다.

어떻게 하여 역대 일본 천황이 오랫동안 자신들 위에 군림하고 지배해왔는지를 일본인들은 검토해보기를! 과연 대라마가 불멸의 존재인지를 타타르인들은 이성으로써 판단해보기를! 터키인들은 코란을 심의하여 판단해보기를! 그리고 이제 우리 그리스도교 신자들도 복음서를 검토해볼 때가 되었다.

진지하고 성실한 검토 작업에 착수하기에 앞서, 필자는 오류를 범하지 않을 자신이 있음을 당당하게 밝히고 싶다. 오직 개인적인 감정을 입증하기 위해 글을 썼던 자들을 필자는 당연히 의심할 것이다.

파스칼은 나중에 지인들이 수집하여 발간한 미완성의 『팡세Pensées』 서두에서 이렇게 말함으로써 독자들을 분노케 했다.

그리스도교를 헐뜯는 자들은 먼저 그 종교를 이해하려고 노력해보기 바란다.

이 구절에서 나는 남을 업신여기고 군림하고자 하는 편파적인 인물이 보일 뿐이다.

프랑스에서 얼마 전에 세상을 떠난 장 멜리에라는 본당신부가 임종을 맞았을 때, 한평생 교구 신도들에게 그리스도교를 가르쳤다는 것에 대해 하느님에게 용서를 구했다는 말을 전해 들었다. 죽는 순간에 보여준 사제의 태도는 파스칼의 열광적인 태도보다 나에게 더욱 인상적이었다. 브리스톨 교구 도싯셔에서 어느 본당신부가 200파운드의 급여를 받는 본당 신부직을 포기하면서, 양심상 그리스도교의 부조리하고 혐오스러운 내용들을 설교할 수 없다면서 신도들에게 고백하는 것을 목격한 적도 있다. 그러나 장 멜리에 신부의 유언도, 그 존경할 만한 영국 본당신부의 양심선언도 내게는 결정적인 증거가 될 수 없다.

우리엘 아코스타라는 유대인은 암스테르담에서 공개적으로 구약성경을 버리겠노라고 선언하기도 했다. 하지만 나는 유대인 아코스타도 멜리에 신부도 믿지 않을 것이다. 나는 소송 서류들을 매우 주의 깊게 읽을 것이고, 어느 쪽 변호인의 말에 솔깃해하는 일도 없을 것이다. 다만 하느님 앞에서 양쪽의 이성을 저울질할 것이고, 최종적으로 내 양심에 따라 결정을 내릴 것이다. 나는 울러스틴[1]이나 클라크[2]가 제시한 논거들을 심의해보겠지만, 오직 나의 이성만을 믿을 것이다.본론으로 들어가기에 앞서 필자는 영국 의회에서 제정한 법령에 따라 설립된 영국 국교회에 대해서는 손을 대고 싶지 않다는 뜻을 밝히고자 한다. 게다가 나는 영국 국교회가 유럽에서 가장 합리적이고 적법한 교회라고 생각한다. 모든 사제직을 폐지하고 족장시대처럼 각 가정의 가장들에게 사제직을 넘겨주고 싶어 하는 듯한, 자유주의적인 휘그당의 견해에 나는 동의하지 않는다. 우리 사회는 그런 식의 변화

---

1   윌리엄 울러스틴(William Wollaston, 1659~1724) 영국의 철학자
2   사무엘 클라크(Samuel Clarke, 1675~1729) 영국의 신학자

를 허용하지 않는다.

　필자는 사회의 풍습을 지도하고 우리의 기도를 하느님에게 전하는 역할을 하는 성직자의 직분을 그대로 두어야 한다고 생각한다. 사제들이 요술을 부리는 자들이 될지, 불협화음을 내는 나팔들이 될지, 잔인무도한 박해자가 될지는 두고 보면 알 일이다. 우선 나부터 그리스도교에 대해 과연 얼마나 제대로 알고 있는지를 '점검'해보도록 하겠다.

차례

머리말   ··· 5

I

1장   모세서 ··· 19

2장   모세라는 인물 ··· 22

3장   유대서에 부여된 신성 ··· 28

4장   모세오경의 저자는 누구인가? ··· 30

5장   유대인은 다른 민족들에게서 무엇을 빌려왔을까? ··· 35

6장   창세기 ··· 38

7장   유대인의 풍습 ··· 41

8장   유대인의 풍습: 왕정 시대 및 판관 시대, 그리고
         로마인에 의해 예루살렘이 함락되기까지 ··· 46

9장   예언자들 ··· 52

II

10장 예수라는 인물 … 61

11장 예수와 그의 제자들을 어떻게 인식해야 할까? … 74

12장 그리스도교의 성립

　　－특히 바울로라는 인물을 중심으로 … 77

13장 복음서 … 86

14장 초기 그리스도교인들은 로마인을 어떻게 대했을까?

　　그리고 어떻게 그들은 시빌라의 예언(탁선)을

　　위조해냈을까? … 95

15장 그리스도교인들은 유대교도를 어떻게 대했을까?

　　예언자들에 대한 황당무계한 설명 … 101

16장 복음서에 내재된 잘못된 인용과 잘못된 예언 … 105

17장 세상의 종말과 새로운 예루살렘 … 108

18장 알레고리(비유, 예표) … 112

19장 위조와 위서 … 114

III

20장 초기 그리스도교인의 주요 기만행위 ⋯ 121

21장 그리스도교 초기 몇 세기 동안 그리스도교인의 교리와
      형이상학–유스티누스 ⋯ 129

22장 테르툴리아누스 ⋯ 133

23장 알렉산드리아의 클레멘스 ⋯ 140

24장 이레네우스 ⋯ 145

25장 오리게네스의 삼위일체론 ⋯ 148

26장 순교자들 ⋯ 155

27장 기적 ⋯ 169

IV

28장 디오클레티아누스 시대에서 콘스탄티누스 시대까지의
      그리스도교인 ⋯ 177

29장 콘스탄티누스 ⋯ 186

30장 콘스탄티누스 이전 및 그의 치하에서 그리스도교인의
      분쟁 ⋯ 190

31장   아리우스주의와 아타나시우스주의 ⋯ 194

32장   콘스탄티누스의 아들들, 그리스도교인들이 "배교자"라는
         별명을 붙인 철학자 율리아누스 ⋯ 201

33장   율리아누스에 대한 고찰 ⋯ 210

34장   테오도시우스 시대까지의 그리스도교인 ⋯ 214

35장   이슬람교의 성립까지 그리스도교의 여러 종파와
         그리스도교인의 불행 ⋯ 219

36장   교황들의 횡포에 대한 간략한 서술 ⋯ 223

37장   그리스도교 박해의 잔혹성 ⋯ 226

38장   로마 가톨릭교회의 폐해 ⋯ 232

결론   ⋯ 236

편지   볼링브룩 경이 콘즈버리 경에게 ⋯ 243
            콘즈버리 경이 볼링브룩 경에게 ⋯ 252

이 책에 대한 간략한 해설   광신과 불관용에 맞선 지적 투쟁 ⋯ 256
찾아보기   ⋯ 263

I

1장

모세서

그리스도교는 유대교를 기반으로 한다. 그러므로 유대교가 하느님의 작품인지 아닌지 점검해보아야 한다. 사람들은 나에게 모세서를 읽어보라고 권한다. 나는 그 책들이 진정 모세의 것인지를 확인해보려고 한다.

1. 모세가 모세오경, 아니면 적어도 율법서들을 석판에 새기도록 했다는 것이 사실일까? 옷을 만드는 이도 샌들을 만드는 이도 없고, 심지어 옷을 지어 입을 천 조각이나 먹을 빵조차 없었다고 말한 곳, 그래서 유대인들이 입고 있던 옷이 그대로 보존되고 그들이 굶어죽지 않도록 40년 동안이나 하느님께서 끊임없이 기적을 베풀어야 했던 곳, 이처럼 혹독한 광야에 돌덩이를 연마하여 석판을 만드는 석공, 석판에 글자를 새기는 석각 기술자들이 있었

다고 생각할 수 있을까?

2. 여호수아서에서는 회반죽을 바른 거친 돌 제단에 신명기를 썼다고 말한다. 그런데 어떻게 회반죽 위에 책 한 권 전체를 쓸 수 있었을까? 제단 위로 계속 흘러내리는 피로 인해 글자들이 지워지지는 않았을까? 그리고 유대인들이 오랫동안 노예 생활에 시달린 나머지 도적질도 서슴지 않았던 그 지역에서 어떻게 신명기가 적힌 기념물이 분실되지 않고 남아 있을 수 있었을까?

3. 모세오경에 존재하는 모순점들, 지리나 연대 상의 수많은 오류, 이런 것들 때문에 여러 유대인과 그리스도교 신자들은 모세오경이 모세의 작품일 리 없다고 주장했다. 학자 르클레르[1]를 비롯한 수많은 신학자, 심지어 우리의 위대한 뉴턴마저 같은 의견을 갖고 있었다. 따라서 이 주장이 진실일 가능성이 매우 크다.

4. 초보적인 상식을 가진 사람이라면 누구나, "다음은 모세가 요르단 강 건너편에서 한 말이다"[2]라는 구절로 시작되는 이 책이 서투른 위작자가 쓴 게 분명하다는 판단을 내릴 수 있지 않을까? 모세가 요르단 강을 건넌 적이 없다는 점을 같은 책에서 명백하게 밝히고 있기 때문이다. 여기저기서 들리는 아바디[3]의 답변은 차

1 　르클레르(Jean Leclerc, 1657~1736) 제네바 출신 비평가

2 　이 표현은 신명기 1장 1절에 나오는 말이다. "이것은 모세가 요르단 강 건너편 바란, 도벨, 라반, 하세롯, 디자합 사이의 숲이 마주보이는 아라바라는 광야에서 모든 이스라엘 사람들에게 한 말이다."

3 　아바디(Jacques Abbadie, 1654~1727) 프랑스 출신 개신교 신학자, 작가. 프랑스와 영국, 아일랜드에서 목회자로 활동했으며, 여러 권의 신학 저서와 로마 가톨릭을 공격하는 논문을 발표하기도 했다.

라리 우스꽝스럽다. 역사상 가장 위대한 인물인 뉴턴의 말을 믿기보다, 아일랜드에서 미치광이가 되어 죽은 설교사의 말을 믿어야 할까?

그와 더불어 나는 모든 합리적인 자들에게 묻고 싶다. 모세가 죽은 지 수세기가 지난 뒤에 이 세상에 온 유대 왕들에게 모세가 광야에서 계율을 내려주었다는 게 조금이라도 타당성이 있는지를. 다른 부족들이 지급해야 하는 십일조와는 별도로 모세가 레위족에게만 48개의 성읍을 하사했다는 게 가능한지를 말이다.

제관들이 탐욕스럽게 모든 것을 차지하려 애썼을 가능성은 충분하다. 하지만 고작해야 마을 두 개쯤 들어서 있을 법한 협소한 지역에서 무려 48개의 성읍을 내주었다는 것은 터무니없는 이야기다. 만일 다른 유대 부족들에게도 같은 수의 성읍을 할당해야 한다면, 모두 480개의 성읍이 있어야 할 텐데 말이다. 유대인의 역사 기술 방식은 대체로 이러하다. 터무니없는 과장법, 어설픈 거짓말, 허무맹랑한 이야기, 온통 이런 것들 투성이다.

2장

모세라는 인물

모세는 실존 인물인가? 모세는 탄생에서부터 죽음에 이르기까지 모든 게 너무나도 비범하여 마치 우리의 마법사 멀린[4]과 같은 전설 속의 경이로운 인물처럼 보인다. 모세가 실제로 존재했다면, 그가 이집트에서 행하였다고 하는 무시무시한 기적들을 정말로 행했다면, 어떻게 이집트의 저술가들 중 단 한 사람도 그 기적에 대해 언급하지 않을 수 있으며, 경이로운 이야기 애호가인 그리스인들 역시 한 마디도 하지 않을 수 있었을까?

멸시와 핍박에 시달리는 조국을 조금이라도 돋보이게 할 목적으로,

---

4 아서왕의 전설에 등장하는 마법사. 아서왕의 조언자이자 아서 왕국을 설계한 장본인. 가장 널리 알려져 있는 멀린의 이미지는 '현명한 노인'이다. 주로 긴 회색수염에 잘 빗어 넘긴 회색머리, 마법사처럼 보이는 로브를 입거나 두건과 망토를 두른 노인의 모습으로 묘사된다.

광신의 무덤

유대 민족에 관한 이집트 저술가들의 증언을 모조리 수집한 유대 역사가 플라비우스 요세푸스[5]조차도 모세가 행하였다는 이적에 대해서는 한 마디 언급이 없었다. 뭇사람들의 이러한 침묵은 모세가 가공의 인물에 불과하다는 사실에 대한 반증이 아닐까?

고대사에 조금이라도 관심이 있는 사람이라면 누구나 고대 아라비아인들이 여러 설화의 창작자이며, 이 설화들이 나중에 다른 민족들에게 전해져 통용되었다는 사실을 알고 있을 것이다.

고대 아라비아인들이 가장 오래된 바쿠스Bacchus 이야기를 창작해 낸 시점은 유대인이 주장하는 모세 탄생 시기보다 훨씬 오래 전이다. 이 이야기에 등장하는 아라비아 태생의 바쿠스(또는 백Back이라고도 한다)는 자신의 계율을 두 장의 석판에 기록했으며, 모세라는 이름과 아주 비슷한 이름인 미셈Misem으로 불렸다.

실제로 그는 상자 안에 갇힌 채로 강물을 떠다니던 중 누군가가 물에서 건져 올려 살아날 수 있었던 자로, 미셈이라는 이름은 '물에서 건져낸 이'를 뜻했다.

그는 지팡이로 이적을 일으켰다. 그가 바라는 대로 지팡이는 뱀으로 변하기도 했다. 미셈은 발을 조금도 적시지 않은 채로 군대를 이끌고 홍해를 건넜으며, 오론테스 강과 히다스페스[6] 강물을 반으로 가르

---

5 플라비우스 요세푸스(Flavius Josephus, 37?~100?) 유대 역사가. 66년부터 73년까지 유대 민족주의자들이 로마에 대해 일으킨 반란에 가담하여 갈릴리 지휘관으로 싸웠다. 반란이 실패하자 투항하여 로마에 살며 저술에 몰두하였다. 『유대전쟁사』『유대고대사』 등에서 유대 역사와 유대교의 우월성에 대해 기술하였다.

6 오론테스(Orontes)는 레바론, 시리아, 터키 세 나라를 지나는 강이며, 히다스페스

고 나서는 양편의 강물을 좌우로 솟구치게 했다. 그뿐만 아니라 군대가 전진하는 동안 커다란 불기둥이 나타나 밤새도록 길을 환하게 비쳤다.

바쿠스제에서 불리던 오르페우스의 노래에서 이 기적적인 이야기들 중 일부가 인용되었다. 교부들이 이 미셈 혹은 바쿠스를 노아라고 여겼을 만큼 이 이야기는 아주 오래된 설화다.

유대인이 이 설화를 받아들였고, 그 후 왕정 시대에 글자를 사용하기 시작했을 때, 그 이야기를 문자로 기록했다고 보는 게 가장 타당하지 않을까? 다른 민족들과 마찬가지로 유대인에게도 경이로운 요소들이 필요했을 것이다. 하지만 유대인들은 창작자가 되지 못했다. 그 당시 이들보다 더 무지하고 야만스러운 소수민족을 찾아보기도 쉽지 않았다.

유대인의 거짓말은 모두 표절한 것이었다. 유대인의 모든 예식이 명백히 페니키아인, 시리아인, 이집트인의 모조품인 것처럼 말이다. 그들 스스로가 덧붙인 게 있다면, 그것 역시 뭇사람들의 분노나 동정심을 불러일으킬 정도로 저급하고 부조리한 것들뿐이다. 싸구려 소설책이라 하더라도 정체불명의 신을 들먹이며 지팡이를 휘둘러 모든 강물을 피로 바꾸어놓는 자, 또는 자기 나라 신들의 이름으로 그와 비슷한 짓거리를 하는 마법사들을 등장시키지는 않는다.

모세가 국왕의 마법사들보다 나은 점이 있다면, 그것은 마법사들이 결코 해낼 수 없었던 일인 이(기생충)를 생겨나게 했다는 점이다. 적어

(Hydaspes)는 젤룸강이라고도 하며, 인도 펀자브 지방 서쪽에 위치한 큰 강이다.

도 '이'에 관해서는 유대인은 이 세상의 어떤 마법사보다도 뛰어난 전문가들이라고 어느 위대한 군주가 말하지 않았는가?

주님의 천사가 이집트의 모든 짐승을 죽이러 이 세상에 내려왔다는 게 말이 되는가? 만일 그게 사실이라면, 그 후에 어떻게 이집트 왕이 기병대를 보유할 수 있단 말인가? 또 어떻게 그 기병대가 홍해 속으로 들어갈 수 있단 말인가?

그 주님의 천사가 밤중에 이집트 모든 가정의 맏아들의 목을 베러 왔다는 게 말이 되는가? 만일 이게 사실이라면, 모세라는 인물은 2~300만 명이나 되는 사람들(그중 63만 명은 군인들이었다!)과 함께 비겁하게 도망칠 게 아니라 그 나라를 점령했어야 한다. 그러나 천사에게 목숨을 잃은 이들의 동생들이 겁에 질린 얼굴로 지켜보는 가운데 모세는 그 많은 사람들을 데리고 도망쳤다. 그런 다음에는 마실 물조차 없는 광야를 떠돌았다. 광야를 헤매는 동안, 그의 하느님은 당신께서 애지중지하시는 백성들이 굶주림과 갈증으로 죽어가도록 바닷물을 둘로 갈라 좌우 양 옆으로 두 개의 산을 솟아나게 했다.

모세에 관한 나머지 이야기들도 마찬가지로 허무맹랑하고 야만스럽다. 메추라기, 만나[7], 하느님과의 대화……. 하느님의 명에 따라 제관들에 의해 유대인 2만 3천 명이 참수당하고, 2만 4천 명이 학살당한다. 2천 명도 존재한 적 없는 광야에 63만의 병사들이 존재했다니! 이 모두 황당함의 극치가 아닐 수 없다. 이 모든 히브리 책자들에

---

7 이집트를 탈출한 이스라엘 백성이 광야에 이르러 굶주릴 때 하느님이 내려주었다는 신비로운 음식

비하면, 『광란의 오를란도Orlando furioso』[8]나 『돈키호테』는 기하학 서적이라고 누군가가 말했다. 모세 설화에 정직하고 사실적인 요소들이 단 몇 가지만이라도 존재한다면, 모세가 실존 인물이라고 어떻게든 믿어주려고 애를 써볼 텐데 말이다.

유대 민족의 유월절[9] 행사가 홍해를 건넜다는 게 사실임을 입증하는 증거라고 우기는 사람들이 있다. 유대인의 하느님께서 이집트 각 가정의 모든 맏아들의 목을 베게 해주셨다는 것에 감사드리기 위한 축제라는 것이다. 그렇다면 그 거룩하고 성스러운 학살 사건이 정녕 사실이란 말인가?

과장된 연설가이자 어설픈 추론가인 아바디는 "60만이 넘는 사람들이 거짓이라 증언한 사건에 대한 기념비적인 기록물을 과연 모세가 남겼겠는가?"라고 말한 바 있다. 딱한 자여! 그때 60만이 넘는 병사들뿐만 아니라 200만이 넘는 사람들이 있었소! 따라서 모세가 2~300만 유대인 앞에서 모세오경을 낭독했다고 말했어야 옳소. 그 2~300만의 유대인이 모세오경에서 몇 가지 오류를 찾아냈다고 칩시다. 그럴 경우, 그대는 그 유대인들이 모세에 반박하는 글을 썼으리라고 생각하는가? 그 내용을 글로 써서 지역 신문에 기고했으리라고 생각하는 건가? 그럴 바에는 차라리 300만 유대인이 증인으로 서명을 했고, 유대인들의 서명을 그대가 두 눈으로 똑똑히 보았다고 말하시오.

---

8 이탈리아 시인인 L. 아리오스토가 르네상스기에 지은 영웅서사시. 내용은 『사랑에 빠진 오를란드』와 이어지며, 작품 배경은 파리와 비세르타에서 펼쳐지는 그리스도교와 이슬람 세계 사이의 전쟁이다.

9 유대 민족이 자신들의 조상이 이집트에서 탈출한 것을 기념하는 축제

그대는 바쿠스, 헤라클레스, 페르세우스를 기리는 뜻으로 세워지거나 제정된 신전과 예식들이 그들이 제우스의 아들이라는 것을 명백하게 증명한다고 생각하는가? 또 카스토르 폴룩스 신전이 카스토르와 폴룩스가 로마인을 위해 싸웠다는 것을 증명한다고 생각하는가?

논쟁거리를 퍼뜨리기 좋아하는 자들은 우리 인간에게 가장 중요한 문제에 관해 논할 경우에도, 레이디 블랙캐어[10]조차도 마을 회관에서 감히 발설하지 못했을 법한 논거들을 마구 쏟아낸다. 미치광이들이 글을 쓰고, 우매한 자들이 주석을 달고, 협잡꾼들이 가르치고, 그것을 어린아이들에게 달달 외게 한다. 그리고 인간 본성을 욕되게 하는 그치 떨리는 우매함에 분노하고 분개하는 현자를 신성을 모독하는 불경한 자라고 부른다!

---

10 레이디 블랙캐어(lady Blackacre)는 17세기 영국의 풍자 희곡작가 윌리엄 위철리(William Wycherley)의 「솔직한 사나이(The Plain Dealer)」 속에 등장하는 아주 우스꽝스러운 인물이다.

3장

유대서에 부여된 신성

하느님이 도적질을 일삼는 아랍의 일족을 당신께서 특별히 사랑하는 백성으로 선택했다고 가정할 수 있을까? 게다가 다른 민족들과 맞서 싸우게 하려고 그 백성을 무장시켰다고 가정할 수 있을까? 만일 그렇다면, 그들을 이끄는 수장으로서 자기 백성이 싸움에서 자주 패하여 노예 신세가 되는 것을 그냥 보아 넘길 수 있었을까? 그 도적들에게 율법을 주면서 영혼의 불멸성과 사후의 징벌에 대한 믿음으로 도적질을 일삼는 그 약소민족을 순화시킬 생각은 왜 하지 못했을까? 칼데아인, 이집트인, 시리아인, 페니키아인 같은 이웃의 강대민족들 모두가 벌써 오래 전부터 그 유익한 믿음을 신봉하고 있었는데 말이다.

유대인에게 광야에서 배설물을 처리하는 방식까지 가르치신 하느님이 내세에 대한 교리를 알려주지 않았다는 게 말이 되는가?[11]

---

11 이는 신명기 23장에 나오는 이야기다. "변소 자리는 진 밖에 마련해 놓아야 한다. 너

헤로도토스는 그 유명한 티르 신전이 자기 시대보다 2천 300년 앞서 세워졌다고 말한 바 있다. 모세가 무리를 이끌고 광야를 떠돌아다녔던 시기는 기원전 1600년경으로 추정된다. 헤로도토스가 집필 활동을 한 시기는 기원전 500년경이다. 그렇다면 페니키아 신전은 모세보다 1천 200년이나 앞선다. 페니키아 종교가 훨씬 오래 전에 존재했다는 뜻이다.

페니키아 종교는 칼데아나 이집트 사회의 종교와 마찬가지로 영혼의 불멸성을 가르쳤다. 하지만 유대 민족은 그 교리를 자기 종교의 기반으로 삼은 적이 없다. 그런데도 사람들은 하느님께서 이 무지하고 야만스러운 백성에게 몸소 "눈높이를 맞추셨다"고 말한다! 하느님께서 눈높이를 맞추시다니! 게다가 그들은 어떤 자들인가! 도적질을 일삼는 백성들이었다! 그렇다면 하느님께서 그들보다 더 무지하고 야만스러웠다는 말인가? 이것이야말로 말 그대로 '신성 모독적인' 발언이 아닌가!

희는 그리로 나갈 때에 무기 외에 꼬챙이를 가지고 나가야 한다. 땅을 파고 뒤를 본 다음 그 뒤 본 것을 도로 묻을 때에 그것을 사용해야 한다."(신명기 23:13~4)

4장

모세오경의 저자는 누구인가?

모세오경의 저자가 누구인지 내게 묻는 사람들이 있다. 그럴 바에는 차라리 「에몽의 4형제 이야기」[12]나 「악마 로베르」[13], 또는 「마법사 멀린」[14]을 누가 썼는지 물어봐줬으면 좋겠다.

    뉴턴은 이 문제를 진지하게 검토했지만 스스로 품위를 떨어뜨리는 짓을 했다. 그는 그 황당무계한 이야기를 쓴 사람은 사무엘이며, 그 고약한 사제가 좌지우지하고자 했던 유대 백성에게 왕들을 혐오스러운 존재로 보이게 할 목적으로 썼을 것이라고 주장했다. 그러나 필자의 생각으로는 유대인은 바빌론 유배시기에 비로소 글을 읽고 쓸 수 있게

---

12 익명의 저자가 12세기 후반에 고대프랑스어로 쓴 무훈시

13 프랑스 노르망디 지방의 전설로 후대에 오페라로 만들어졌다.

14 아서왕 전설 속에 등장하는 마법사 멀린에 관한 이야기

되었다. 유대인은 처음에는 바빌론 문자, 그다음에는 시리아 문자를 사용했다. 순수한 히브리 문자라는 것은 지금까지 알려진 바 없다.

나는 에즈라[15]가 바빌론에서 고국으로 돌아온 뒤에 그 「통 이야기」[16]를 방불케 하는 설화를 썼으리라 추정한다. 이미 그 지역의 방언으로 자리 잡은 바빌론 문자로 썼을 것이다. 오늘날 아일랜드 북부의 농부들이 영어 알파벳으로 글을 쓰는 것처럼 말이다.

사마리아 지방에 거주하던 사마리아인들Cutheens도 그들이 일상적으로 사용하던 페니키아 문자로 모세오경을 썼다. 이 모세오경은 오늘날까지 전해지고 있다.

필자는 예레미야[17]도 그 설화가 완성되는 데 큰 몫을 했으리라고 생각한다. 모두가 알고 있다시피, 예레미야는 바빌론 왕들과 매우 가까웠다. 그 허황된 이야기를 집필한 대가로 그는 바빌로니아인들에게 보상을 받았으며, 따라서 조국을 배반한 것은 명백하다. 예레미야는 늘 바빌론 왕에게 굴복하는 게 최선이라고 생각했다. 그런데 당시 이집트인과 바빌로니아인은 서로 적대적인 관계였다.

---

15 에즈라(Ezra, 기원전 480~440) 에즈라서에 나오는 성직자로, 유대인의 서기관(기록자)이자 제사장이었다. 그는 바벨론 유배지에서 돌아와 예루살렘에서 모세의 율법을 다시 소개했다.(에스라 7~10장과 느헤미야 8장). 에스라서에는 바빌론에 포로로 잡혀 와서 살고 있던 유대인 일부를 고향인 예루살렘으로 인도하는 과정이 나오는데(에스라 8:2~14), 그는 모세오경에 대한 준수를 강요했다고 전해진다.

16 조너선 스위프트(Jonathan Swift)의 풍자소설. 저자 특유의 독설과 궤변으로 당대의 지식인인 작가와 비평가, 과학자 등을 비판하고 조롱하는 작품이다.

17 예레미야(Jeremiah, 기원전 650?~?) 구약 예레미야서의 주인공. 기원전 625년경 유대 왕국 말기에 활동한 예언자

예레미야와 에즈라가 유대인에게 이집트인에 대한 적개심과 공포감을 불러일으켰던 것은 예루살렘 지역의 지배자인 대왕의 환심을 사기 위해서였다. 하지만 유프라테스 강 유역의 민족들에 대한 험담은 하지 않았다. 노예들이 지배자의 비위를 맞추려고 애썼던 것이다. 예레미야와 에즈라는 유대 민족이 역사적으로 노예 상태를 벗어나본 적이 거의 없다고 고백했다. 그러면서도 자신들 위에 군림하는 자들을 존중했다.

그 외 다른 유대인이 역대 유대 왕의 행적을 기록했을 수도 있지만, 원탁의 기사나 샤를마뉴의 12성 기사 이야기만큼이나 그 이야기를 누가 썼는지는 내게 별로 중요하지 않다. 별로 중요하지도 않은 책의 저자가 누구인지 알아보려 애쓰는 것만큼 쓸데없는 짓도 없을 테니 말이다. 누가 주피터, 넵튠, 플루톤 신화를 가장 먼저 썼을까? 나는 전혀 모른다. 게다가 알고 싶은 생각도 없다.

유대교 정경에는 포함되지 않았지만, 히브리어로 쓴 아주 오래된 모세 전기가 있다. 대부분의 유대 서적들이 지은이가 누구인지 알려져 있지 않듯이 이 책도 저자가 누구인지 모른다. 이 책은 고대 아시아의 일반적인 서술 양식인 '천일야화' 방식으로 서술되었다. 책의 일부분을 인용해보자.

유대인들이 이집트로 이주한 지 130년이 지났을 때, 요셉이 죽은 지 60년이 지났을 때쯤 일어난 일이다. 잠을 자던 파라오가 꿈에서 저울을 들고 있는 노인을 보았다. 저울판 한쪽에는 이집트인 모두가 아내와 아이들과 함께 모여 있었고, 다른 쪽에는 젖먹이 아기가 혼자 있었다. 그런데 저울은 젖먹이 아기 쪽으로 기울어 있었다. 이를 보고 놀란 왕은 곧 온 나라의 마법사들을 모두 불러들였다. 하지만 모두가 놀라움과 두려움에 사로잡혀 있을 뿐, 아무 말도 하지 못했다. 그때 왕의 고문 한 사람이 앞으로 히브리 아이가 나타나 이집트를 파멸시킬 것이라고 예언하고, 유대 민족의 모든 사내아이를 죽이라고 왕에게 충고했다.

모세가 '물에서 건져낸 이'라는 모티브는 출애굽기와 비슷하다. 여기서는 모세를 샤바르Schabar라고 부르고, 그의 어머니는 요코티엘Jechotiel이라고 불렀다. 모세가 세 살이 되었을 때 파라오와 놀다가 그의 왕관을 벗겨서 자기 머리에 썼다. 왕은 모세를 죽이려 했지만, 천사 가브리엘이 하늘에서 내려와 말렸다. 그러면서 천사가 말하길, "그 애는 악의가 없는 어린애일 뿐입니다. 그 애가 얼마나 순진한지 증명해 보여드리겠습니다. 그 아이에게 얼룩 마노와 불타오르는 숯을 보여주세요. 그 애는 틀림없이 숯을 선택할 것입니다." 왕은 곧 실험에 착수했다.

어린 모세가 얼룩 마노[18]를 집으려 하자, 천사 가브리엘은 마노를 슬쩍 가로채고는 그 자리에 뜨거운 숯을 갖다놓았다. 어린 모세는 손에 심한 화상을 입었다. 왕은 모세를 좀 모자란 애라 생각하고 용서했다. 예전에 물에서 구원받았던 것처럼 모세는 불에서도 구원을 받았던 것이다.

이야기의 나머지 부분도 비슷한 양식으로 전개된다. 이 이야기와

---

[18] 광택을 지닌 보석. 장식품·보석·세공물·조각·갓끈 및 장신구의 재료 등으로 쓰인다.

모세오경에 수록된 이야기 중에서 어느 쪽이 더 나은지, 어느 쪽을 찬탄해야 할지 판단하기 쉽지 않다. 나보다 더 한가로운 사람들에게 판단을 양보하고 싶다. 그렇지만 내게는 그로티우스[19], 아바디, 그리고 파리에서 오랫동안 징세청 부인의 중개인 노릇을 했으며 그 뒤로는 저 유명한 뒤부아 추기경, 자신보다 더한 무신론자가 있으면 나와 보라고 세상의 모든 추기경들을 향해 호언장담했다는 장본인의 비서였던 우트빌 신부 같은 현학자들이야말로 진정으로 경탄스럽다. 이들은 모세오경이 모세가 썼다는 것을 믿게 하느라 골머리를 썩였던 자들이다. 과연 그들 자신은 믿었겠는가!

친구들이여! 그대들은 대체 무엇을 입증하고자 한 것인가? 모세가 미치광이였다는 것을 보여주고자 했는가? 만일 오늘날에도 그렇게 황당무계한 이야기를 지어내는 작자가 있다면, 틀림없이 나는 그자를 베들럼 정신병원[20]에 처넣어버리고자 동분서주했을 것이다.

---

19 휴고 그로티우스(Hugo Grotius, 1583~1645) 네덜란드의 법학자, 문필가, 신학자. 그리스도교에 관한 그의 입장에 대해서는 뒷부분에 나오는 '볼링브룩 경이 콘즈버리 경에게' 보내는 편지 참조

20 과거 런던의 악명 높은 정신질환자 보호 시설

5장

유대인은 다른 민족들에게서
무엇을 빌려왔을까?

앞에서도 여러 차례 지적했듯이, 유대인은 지배자들을 모방하려 애쓰던 예속된 약소민족이며, 강대국의 관습에 맹목적으로 순응하던 나약하고 무지한 민족이었다. 콘월cornwall[21]이 런던을 모방할 뿐, 런던이 콘월을 모방할 리가 있겠는가? 따라서 유대인이 이웃 민족들의 신앙, 법률, 풍습에서 자기 능력이 허용하는 만큼 차용했을 것이라고 보는 게 가장 타당하지 않을까?

우리는 '여호와'라고 부르고 유대인은 '야훼'라 일컫는 유대 신이, 페니키아 및 이집트 신의 '함부로 발설할 수 없는' 이름이라는 것은 확실한 사실이다. 이는 고대 이래로 널리 알려진 사실이다. 알렉산드리아

---

21 영국 남서부 변방 지역

의 클레멘스[22]는 저서 『스트로마타Stromateis』 1권에서, 야훼라는 부적을 몸에 지녀야 이집트 신전 안으로 들어갈 수 있었다고 말한다. 그런데 누군가가 그 단어를 발설할 경우, 그 소리를 들은 사람은 즉사하거나 정신을 잃고 쓰러졌다고 한다. 신전의 야바위꾼들이 순진한 신도들을 그렇게 속여먹었으리라.

뱀의 형상, 케루빔, 붉은 암송아지 예식, 훗날 '영세'라 불릴 세례식, 아마로 된 사제복, 단식, 돼지고기 등 몇몇 고기를 금지하는 관습, 할례, 희생양, 다들 알다시피 모두가 이집트에서 차용한 것들이다.

훨씬 나중에, 그러니까 모세 이후 500여 년이 지난 다음에야 (신빙성이 떨어지는 유대인의 역사 기록에 따르면) 유대 성전을 세우기 시작했다고 유대인 스스로가 고백했다. 그때서야 조그만 마을을 차지하고서 이웃 강대민족들을 모방하여 성전을 지었다. 그전에는 무엇이 있었을까? 다들 알다시피 어떤 궤짝이 있었다. 이는 유목 민족, 다시 말해 내륙 지방을 떠돌던 가난한 가나안 사람들의 풍습이었다.

유대 민족이 유목 생활을 하던 당시, 아라비아 내륙의 사막 지대를 떠돌던 당시에 그들은 궤짝 하나를 가지고 다녔다. 궤짝에는 렘판이라 불리는 신의 조잡한 모형, 나무를 깎아 만든 별 모양의 물건이 들어 있었다. 몇몇 예언자에게서 이러한 신앙의 흔적들을 찾아볼 수 있는데, 사도행전에 수록된 스테파노[23]의 설교가 대표적인 예다.(사도행전 7장)

---

22 알렉산드리아의 클레멘스에 대해서는 이 책의 23장 참조

23 스테파노(Stephen)는 사도행전 6~7장에 나오는 인물로, 그리스도교 역사상 최초의 순교자다. 유대교의 의식·전통·성전(聖傳)을 비판하고 예수가 그리스도임을 선포하였다. 이로 인하여 하느님을 모독하였다는 죄명으로 돌에 맞아 순교하였다.

유대인들 스스로가 말했듯이, 유대 민족이 집을 짓고 살기 훨씬 이전에 페니키아인(유대인들은 '필리스타아인Philistines'이라 불렀다) 사회에는 다곤Dagon 신전[24]이 있었다. 그렇다면 유대인이 광야를 떠돌던 당시 이들의 신앙의 대상이 렘판 신(렘판 신은 다름 아닌 아라비아인이 숭배하던 별이다)을 모신 궤짝이었다면, 유대인은 본래 팔레스타인 지방에서 도적질로 살아가던 유목 민족인 아라비아인의 일족으로, 자기들 나름의 종교를 만들었으며 허무맹랑한 이야기로 가득한 역사를 억지로 꾸며낸 민족이라는 점은 명백하다.

유대인은 오래된 바쿠스 혹은 백Back 설화의 일부분을 따와서 모세 신화를 지어냈다. 그런데도 우리 서구인들은 그 허무맹랑한 이야기들을 숭배하고, 우리 종교의 기반으로 삼았다. 그 설화들은 '철학의 세기'라 일컫는 이 시대에도 여전히 신뢰감을 잃지 않고 있다. 현명한 자들이 분노하는 까닭이 여기에 있다. 그리스도교 교회는 유대 기도문을 읊조리면서 유대교 냄새를 풍기는 자들을 불에 태워 죽였다. 얼마나 딱한 일인가! 그리고 이보다 더 모순되고 구역질나는 짓이 또 있을까!

---

24 고대 메소포타미아에서 널리 숭배되었던 신으로, '곡물' '큰 물고기'라는 뜻이다. 바빌로니아에서는 흔히 수신(水神) 에아와 동일시되어 어류(魚類)의 신이라 보고 있으나, 헤브라이와 페니키아에서는 곡물(穀物)의 신으로 보았다. 필리스타아인(구약에서는 불레셋인)은 반인반어(半人半魚)의 모습으로 표현하여, 이를 숭상하였다.

6장

창세기

유대 민족이 존재하기 오래 전부터, 주변 지역의 모든 민족이 각자 저마다의 창세기(제네시스), 테오고니아(신통기), 코스모고니아(우주생성론)를 갖고 있었다. 그러므로 유대인의 창세기를 이웃 민족들의 오래된 설화를 차용하여 만들어낸 것으로 보는 게 당연하지 않은가?

아주 오래된 페레키데스[25]의 저서에 따르면, 페니키아 신 야호Yahu (또는 Yahoo)는 혼돈 상태Khautereb에 질서를 부여했다. 그는 물질Muth을 잘 다듬고, 숨결Calpi을 불어넣어 인간을 만들었다. 그러고는 인간으로 하여금 아덴 혹은 에덴이라는 동산에 살게 했다. 야호는 커다란 뱀 오피오네로부터 인간을 보호했다. 유대인의 창세기와 대부분 일치

---

25 페레키데스(Pherecydes Lerius) 기원전 5세기 중엽의 그리스 연대기 작가이자 신화학자. 자연과 신들에 관해 그리스어로 글을 쓴 최초의 인물로 전해진다.

한다! 그 후로도 계속하여, 무지하고 야만스러운 약소민족이 예술 창작자였던 이웃 강대민족의 설화를 빌려다가 사용했으리라는 주장은 매우 타당하지 않은가?

아시아에서는 신이 여섯 단계(유대인보다 훨씬 앞서 존재했던 칼데아인은 여섯 가함바르six Gahambars라고 불렀다)를 거쳐 세상을 만들었다는 사고가 이미 통념화 되어 있었다.

이것은 또한 고대 인도인의 사고였다. 창세기를 쓴 유대인은 모방자일 뿐이었다. 게다가 이들은 그 설화에 유대인 식의 부조리한 요소들을 뒤섞어놓았다. 뱀이 하와에게 친근하게 말을 걸고, 하느님은 뱀에게 말씀하시고, 하느님께서 날마다 정오가 되면 에덴동산을 거닐고. 하느님께서 친히 아담에게는 짧은 팬츠를, 그리고 그의 아내 하와에게는 치부를 가릴 천 조각을 건네셨다는 대목에서는 솔직히 고백하건대 웃음을 참기가 어렵다.

나머지 부분도 터무니없기는 마찬가지다. 실제로 몇몇 유대인은 이를 부끄러워하며 그 황당무계한 이야기들을 비유적인 설화로 간주해야 한다고 주장했다. 유대인들 자신이 황당무계한 이야기라고 인정하는 것을 어떻게 우리가 곧이곧대로 받아들일 수 있겠는가?

판관기에서도 열왕기에서도 예언자들 중 어느 누구도 창세기의 한 구절을 인용한 바 없다. 아담이 갈비뼈 한 개를 취하여 여자를 만들었다는 이야기, 선악과나무, 이브를 유혹한 뱀, 원죄, 이처럼 터무니없는 망상들 중 어떤 것도 언급하지 않았다. 다시 한 번 말하지만, 이런데도 우리가 그 이야기들을 믿어야 하나?

그 이야기들은 오히려 유대인이 모든 사고를 페니키아인, 칼데아인,

이집트인에게서 훔쳐왔다는 사실을 입증할 뿐이다. 예전에 도적질로 연명하던 당시, 그들에게서 재물을 약탈했던 것처럼 말이다. 심지어 이스라엘이라는 이름도 칼데아인에게서 빌려온 것이라고 필론[26]이 대표단을 만들어 칼리굴라 황제를 찾아갔던 일화를 소개하는 글의 서두에서 고백했다. 그런데 우리 서구인들은 우매하게도 그 동방의 야만인들이 훔쳐낸 것을 그들 고유의 것이라고 믿고 있지 않은가!

---

26 필론(Philo of Alexandria, 기원전 20년?~기원후 50년?) 고대 알렉산드리아의 유대인 철학자. 알렉산드리아의 유대인 사회의 지도자로서 구약성서의 창세기를 그리스 철학, 특히 플라톤의 이데아 사상을 사용하여 알레고리 해석을 최초로 시도하였다.

7장

유대인의 풍습

유대인의 설화라는 분야를 벗어나 유대인의 풍습이 어떠했는지를 살펴보면, 그들의 설화가 황당무계한 것만큼이나 풍습은 혐오스럽고 추악하기 짝이 없다. 유대인 스스로가 인정했듯이 그들은 광야를 떠돌던 시절 이집트인을 상대로 도적질을 하며 생계를 유지하던 자들이었다. 우두머리인 여호수아는 홍해의 기적에 버금가는 이적으로 요르단 강을 건넜다. 강을 건넌 까닭은 무엇이었을까? 그 자신이 알지도 못하는 도시, 그의 하느님이 뿔나팔 소리로 성벽을 허물어뜨린 그 도시[27]를 화염과 유혈의 도가니로 만들어버릴 목적으로 강을 건넜다.

그에 비하면, 그리스 신화는 매우 인간적이다. 여호수아는 도시를

---

[27] 구약 여호수아 6장에 나오는 예리코성을 말한다.

파괴했지만, 암피온[28]은 피리 소리로 도시들을 건설했으니 말이다. 여호수아는 노인과 여자, 어린아이, 짐승 할 것 없이 모두를 칼날과 화염 속으로 몰아넣었다. 이보다 더 끔찍하고 황당한 일이 있을까? 여호수아는 자기 나라를 배반한 매춘부 한 사람만 화를 면하게 해주었다. 아스톨포[29]가 나팔소리로 적을 물리쳤듯이 나팔소리로 성벽을 허물어뜨렸던 여호수아가 하찮은 여인의 도움이 필요했단 말인가?

여기서 한 가지 주목할 것은, 라합[30]이라는 이름의 그 음탕한 여인은 먼 훗날 우리가 하느님으로 섬겨온 그 유대인의 조상들 가운데 한 사람이라는 사실이다. 그의 조상들 중에는 시아버지와 잠자리를 한 타마르, 경박한 룻, 남편을 두고 다윗 왕과 정을 통한 밧세바 같은 여인들도 있었다.

그뿐만이 아니다. 여호수아는 가족들을 지키려고 그 살인자 무리에 맞서 싸운 마을의 우두머리 31명, 곧 31명의 왕을 목매달아 죽였다. 이 이야기의 저자는 다른 민족들에게 유대인이 혐오스러운 자들임을

---

28 암피온(Amphion) 그리스 신화에 나오는 제우스와 안티오페의 아들. 토스와 쌍둥이 형제로 태어났다. 이후 테베의 왕이 된 형제는 성벽을 쌓아 나라를 굳건히 하였는데, 암피온이 리라를 연주하자 신묘한 음율에 돌들이 저절로 움직여 성벽이 완성되었다고 한다.

29 이탈리아 시인 아리오스토의 『광란의 오를란도』의 작중 인물

30 예리코의 매춘부. 여호수아가 파견한 정탐꾼을 자기 집에 유숙케 하면서 숨겨주었다. 성서의 기록은 다음과 같다. 위난을 면하게 했기 때문에(여호수아 2:1) 여호수아의 예리고 함락 시 그와 온 가족은 구출되었다(여호수아 6:22~23). 그는 비록 기생이나 여호와를 참신으로 알고 가나안을 이스라엘에게 줄 것으로 확신 그 신앙은 칭찬되었다(히브리 11:31, 야고보 2:25). 그는 또 예수의 선조 중 한 사람이 되었다.(마태오 1:5)

알려주려고 굳게 마음먹었던 것 같다. 그렇지 않고서야 어찌 이렇게 끔찍한 이야기를 쓸 수 있었겠는가? 저자는 그 모든 잔혹 행위가 하느님의 이름으로, 하느님의 명령으로 자행되었으며, 그것은 인간의 피를 하느님께 제물로 바치는 예식이라 말함으로써, 도적질과 야만스러운 짓이라는 범죄에 불경죄를 더하고 있다. 이것이 바로 하느님께서 애지중지하신 거룩한 백성의 참 모습이었다!

이스라엘의 자식들에 비하면, 휴론족, 캐나다 인디언, 이로쿼이족은 인간미 넘치는 철학자였다. 이런 괴물들을 위한답시고 태양을 멈추게 하고 한낮에 달이 떠오르게 했다! 왜 그랬을까? 하느님께서 하늘 높은 곳에서 비를 퍼붓듯 떨어뜨린 커다란 돌덩이에 짓눌려 신음하는 불쌍한 아모리스인들을 뒤쫓아 가서 목을 벨 수 있는 시간적 여유를 주기 위해서였다. 이게 『가르강튀아』[31] 이야기인가? 하느님의 백성 이야기인가? 이보다 더 구역질나는 이야기가 있을까? 혐오스러움의 극치인가? 아니면 우스꽝스러움의 극치인가? 상식, 덕성, 자연, 신성함, 이 모든 것을 동시에 모독하는 그 황당무계하고 터무니없는 이야기들을 논박하며 킬킬대는 것 또한 우스꽝스럽고 유치한 짓이 아닐까?

만일 유대 민족의 수많은 모험 이야기들 중 단 한 가지만이라도 사실이었다면, 나머지 민족들이 모두 단결하여 그 가증스러운 유대 민족을 끝장내버렸을 것이다. 반대로 그것들이 모두 거짓이라면, 유대인

---

31 프랑스의 작가 라블레(F. Rabelais)가 지은 풍자 소설. 모두 다섯 권으로 된 『가르강튀아와 팡타그뤼엘(Gargantua et Pantagruel)』의 제1권. 체력과 식욕 및 지식욕이 뛰어난 거인 가르강튀아를 주인공으로 하여 봉건주의와 가톨릭교회를 풍자, 비판한 작품으로 1534년에 간행되었다.

은 세상에서 가장 우매한 거짓말쟁이들이다.

살육을 즐기는 하느님에게 친딸을 제물로 바친 입다, 주의 이름으로 자기 나라 왕 에글론을 살해한 양손잡이 에훗, 말뚝으로 머리를 꿰뚫어 장군 시스라를 죽인 영광스러운 야엘, 그리고 하느님의 특혜로 수많은 기적을 행한 방탕한 삼손(헤라클레스 신화의 어설픈 모작에 불과하다), 이들은 또 어떤가?

첩과 함께 나귀를 타고 기브아에 온 베냐민 지파 어느 레위인의 이야기다. 소돔 사람들이 천사들을 상대로 저지르려고 했던 대로 베냐민 지파 사람들은 그 비열한 제사장과 남색의 죄악을 범하고자 했다. 레위인은 그자들과 공모하여 첩을 그들에게 내맡겨버렸다. 그자들은 여인을 데리고 밤새도록 즐겼고, 날이 밝자 여인은 숨을 거두었다. 레위인은 첩의 시신을 칼로 열두 조각으로 잘라버렸으며, 이 사건을 계기로 전쟁이 벌어졌다.(사사기 19장)

열한 지파는 베냐민 지파와 대항하기 위해 40만 병사를 무장하게 했다. 폭이 5~6리외(거리 단위로 약 4킬로미터에 해당)에 길이는 15리외도 안 되는 영토에 40만 대군이라니! 터키 대제국도 그 절반의 병력조차 보유한 적이 없다. 어쨌든 이스라엘 병사들은 그들의 자랑스러운 전통 그대로 노인, 젊은이, 여자, 어린이 가리지 않고 베냐민 지파를 몰살시켰다. 단 600명의 청년만이 살아남았다. 그런데 열두 지파 중 하나라도 대가 끊어지게 내버려둘 수는 없는 노릇이었다. 600명의 청년과 맺어줄 600명의 여자를 구해야 했다. 이스라엘인들은 어떻게 했을까? 바로 근처에 야베스라는 작은 마을이 있었다. 이스라엘 병사들은 마을을 급습하여 주민들을 학살했다. 가축들까지 모두 죽였고, 400명의 베

냐민 지파 청년들을 위한 400명의 처녀들만을 남겨두었다.(사사기 22장)
이제는 200명의 여자가 더 필요했다. 그리하여 실로의 문 앞 광장에서
열린 무도회에 간 200명의 실로 처녀를 납치했다.

아바디, 셜록, 우트빌과 그 동료들이여! 달변으로 이름 높은 그대들
이 이 야만적인 살육의 이야기들이 타당하다는 점을 입증할 만한 근
거를 대보시오. 이 모든 것이 우리에게 예수 그리스도를 예고하는 예
표 혹은 예형임을 입증해보시오.

8장

유대인의 풍습
: 왕정 시대 및 판관 시대, 그리고 로마인에 의해 예루살렘이 함락되기까지

부당하게 차지한 권력을 잃지 않으려고 사제 사무엘은 안간힘을 썼지만, 유대인은 왕을 갖게 되었다. 사무엘은 뻔뻔스럽게도 왕을 옹립하는 것이야말로 하느님을 버리는 것이라고 말하기도 했다. 결국 암당나귀들을 찾아 헤매던 목동(사울)이 우연히 왕으로 선출되었다. 그 당시 유대인은 가나안 사람들에게 예속되어 있었다. 그때까지도 유대인 사회에는 성전이라는 게 없었다.

앞에서도 언급했듯이 유대인의 성소는 궤짝이었으며, 그것을 짐수레에 싣고 다녔다. 그런데 가나안 사람들이 궤짝을 빼앗아가는 일이 벌어졌다. 하느님은 크게 노여워했지만, 그 일을 막지는 않았다. 그러나 하느님은 이에 대한 보복으로 가나안 사람들에게 치질을 퍼뜨리고 들판에 쥐떼를 풀어놓았다. 가나안 사람들은 하느님을 달래려고 황금으로 된 쥐 다섯 마리, 황금으로 만든 항문 다섯 개와 함께 궤짝을 보냈다. 유대인의 하느님에게 이보다 더 잘 어울리는 보복과 뇌물이 있을까 싶다! 하느님은 가나안 사람들을 용서했다. 하지만 하느님께서는 궤를 보았다고 해서 5만 70명이나 되는 당신의 백성을 죽였다.

이런 상황에서 사울이 유대인의 왕으로 선출되었다. 조그만 나라인 유대 왕국에는 칼이나 창이 없었다. 가나안 사람이나 필리스티아 사람들은 노예였던 유대인에게 쟁기 날이나 도끼날조차 만들지 못하게 했다. 유대인들은 농기구조차 필리스티아 일꾼을 찾아가서 구해 와야 했다. 그런데도 사울 왕이 30만 대군을 이끌고 대규모 전투에서 승리했다고 이야기한다. 우리의 『걸리버 여행기』에도 비슷한 이야기들이 있지만, 그 정도로 모순적인 요소들은 찾아볼 수 없다.

또 다른 전투에서 사울은 아말렉의 왕 아각을 죽이지 않고 포로로 사로잡아 왔다. 예언자 사무엘은 사울을 찾아와 주님의 말씀을 전했다.

야훼께서 그대를 출정시키시면서 무엇이라고 하셨소? "가서 저 못된 아말렉족을 없애버려라. 그들을 쳐서 하나도 남기지 말고 모조리 전멸시켜라" 하지 않으셨소? 그런데도 그대는 어찌하여 야훼의 말씀은 듣지 아니하고 전리품에만 덤벼들어 야훼의 눈에 거슬리는 일을 하였소?

(사무엘상 15:18~19)

이 말을 마치고 나서 사무엘은 칼을 들어 아각을 난도질했다.(사무엘상 15장) 만일 이게 사실이라면, 도대체 유대인은 어떤 자들이며, 유대인의 사제들은 또 어떤 자들인가!

포로인 아각 왕을 직접 난도질하지 않았다고 해서 하느님에게 배척당한 사울은 예언자 사무엘이 죽은 뒤, 필리스티아 군을 격퇴시키려고 진을 쳤다. 사울은 죽은 자의 혼령을 불러내는 무녀들이 있다는 소문을 듣고, 그중 한 무녀를 찾아가서 싸움에 이길 수 있는지를 물었다. 무녀가 혼령을 불러내자 사무엘의 혼령이 지하에서 올라왔다. 이 이야기는 유대 민족의 제법 괜찮은 철학과 관련되어 있다. 다음으로는 유대 민족의 윤리가 어떠했는지 살펴보자.

사무엘이 아직 생존해 있을 때, 하프를 연주하는 악사가 하느님의 선택을 받고 왕이 되었는데, 그가 바로 다윗이다. 다윗은 사울 왕을 피해 망명 생활을 하는 동안 불행한 자 400여 명을 결집시켰다. 이에 대해 성서에서는 이렇게 말한다.

억눌려 지내는 사람, 빚을 지고 허덕이는 사람, 그 밖의 불평을 품은 사람들이 다윗 주변에 몰려들었다.(사무엘상 22:2)

다윗은 유대 하느님의 마음에 들 수밖에 없는 자였다. 왕위에 오르자마자 가장 먼저 착수한 일은 도와달라는 요청을 냉혹하게 거절한 나발이라는 지주를 살해하는 일이었다. 그런 다음에는 그의 아내와 결혼했다. 다윗은 첩들을 제외하고도 18명의 여자와 결혼했다. 다윗은 적국의 왕 아키스에게로 피신한 적이 있었다. 아키스는 그를 환대했고, 이에 대한 보답으로 다윗은 아키스 왕과 동맹을 맺은 이웃 마을들을 약탈했다. 유대인들이 으레 그렇듯이 젖먹이 아기에 이르기까지 마을 주민 모두를 학살했다. 아키스 왕에게는 히브리 마을들을 약탈했다고 거짓말을 했다. 솔직히 말하면, 요즘의 노상강도들도 이렇게 악랄한 짓을 저지르지는 않는다. 유대 하느님의 길은 우리 시대의 길과는 완전히 다른가 보다!

다윗왕은 사울의 아들 이스보셋에게서 왕위를 찬탈한다. 또한 자신의 후원자인 요나단의 아들 므비보셋을 살해한다. 그뿐만 아니라 사울의 두 자녀와 다섯 명의 손자를 가바오닛 사람들에게 넘겨주어 목매달아 죽게 한다. 다윗왕은 밧세바와 정을 통한 사실을 숨기려고 그녀의 남편 우리아를 죽음으로 내몰았다. 가증스러운 여인 밧세바는 솔로몬의 어머니로서 예수 그리스도의 선조들 가운데 한 사람이다.

이처럼 유대 역사는 수많은 중죄들로 점철된 역사였다. 왕이 된 솔로몬은 가장 먼저 형제 아도니아를 살해했다. 하느님께서 솔로몬에게 지혜라는 선물을 내려주셨다 해도, 인간미, 정의감, 절제, 신앙심 같은 것들은 내려주시지 않은 것 같다. 솔로몬은 700명의 아내와 300명의 첩을 두었으며, 그가 썼다는 「아가雅歌」는 성적 수치심을 불러일으킬 만큼 선정적이다. 젖가슴, 입맞춤, 밀짚을 쌓아올린 낟가리와도 같은 하복부, 선정적인 자태, 벌어진 틈에 넣은 손가락, 전율, 온통 이런 표현들뿐이다. 「아가」의 마지막 부분은 다음과 같다.

우리 작은 누이 젖가슴도 없는데, 누가 말을 걸어오면 어떻게 할까? 성벽이라면, 은망대를 세워주고 성문이라면 송백널빤지를 둘러주련만.(신부) 나는 성벽, 내 가슴은 망대랍니다. 그날 임께서 보시기에 나무랄 데 없을

거예요.(아가서 8:8~10)

유대인들 중에서 가장 지혜로웠다는 자, 다시 말해 가련한 유대 랍비들과 그들보다도 더 몰상식한 그리스도교 신학자들이 존경하는 마음으로 그 시의 저자로 지목했던 바로 그 사람의 품행과 도덕성은 이런 것이었다.

로마 가톨릭 측에서 「아가」를 어떻게 해석하고 있는지를 살펴보면, 극도의 부도덕함만으로는 부족했는지 극도의 우스꽝스러움을 덧붙이고 있다는 느낌마저 든다. 교황파 신학자들이 내린 결론은 다음과 같다.

술람 여인의 하복부와 음부, 그녀의 젖가슴과 입맞춤은 예수 그리스도와 교회의 결혼을 나타내는 상징이자 예표다.

유대나 사마리아 왕들 중에서 살인을 저지르지 않았거나 아니면 그 자신이 살해당하지 않은 사람을 찾아보기 어려울 정도다. 광장에서, 성전에서 서로를 죽이던 그 도적 무리들은 로마 황제 티투스가 예루살렘을 포위했을 때, 로마 군대의 칼날에 쓰러지거나, 로마제국의 여러 도시에 있는 장터로 팔려나갔다. 유대 민족의 육분의 오가 오래전부터 이미 아시아 지역 곳곳에 흩어져 있던 참이었다. 유대 역사가와 유대 예언자들이 증언한 바에 따르면, 유대인 한 사람당 그들보다 덜 불순한 동물인 돼지 한 마리 값에 거래되었다.

유대인이 그 끔찍한 이야기들을 썼다는 것을 아무도 부인할 수 없다. 그 이야기들을 모두 한 자리에 갖다놓으면, 헛구역질이 치밀어 오를 정도다. 그것들이 구세주의 전조, 예수의 도래를 나타내는 예표라고 한다! 아바디여! 그대가 모든 유대 역사가 교회를 예고하는 것이라고 말하지 않았던가! 예언자들 모두가 예수를 예고했다고! 그렇다면 이제부터는 예언자들이 어떤 사람들인지 검토해보자.

9장

예언자들

예언자, 나비, 로에, 말하는 자, 보는 자(견자), 점술가, 모두가 같은 뜻을 가진 말들이다. 고대 저술가들 모두가 이집트인, 칼데아인 등 모든 아시아 민족에게 예언자 혹은 점술가가 있었다고 말했다. 이 민족들은 모두 유대 민족이라는 약소민족보다 앞서 존재했다. 유대인들이 그 지역 어디선가에서 집단을 형성하게 되었을 때, 이들은 이웃 민족의 언어를 빌려 쓰고 있었으며, 앞에서도 지적했듯이 신의 이름(엘로힘, 여호와, 아도나이, 사다이)마저도 페니키아인에게서 빌려다 쓰고 있었다. 주변의 이웃 민족들을 맹렬히 비난하면서도 예식과 관습을 모두 모방했던 것이다.

최초의 점술가 혹은 최초의 예언자란 어느 우매한 자와 처음으로 마주친 사기꾼이라고 누군가가 말했다. 이처럼 예언은 인류 역사와 함께 존재해왔다. 그런데 그런 기만행위에 광신이 추가되었으며, 이 두 괴물은 인간의 뇌 안에서 아주 사이좋게 공존해왔다.

유대 예언자들과 매우 흡사한 자들이 프랑스 랑그도크와 비바레(오늘날의 프랑스 중남부 아르데슈 지방) 오지를 출발하여 런던으로 떼를 지어 몰려들었던 적이 있다. 그때 우리는 가장 추잡한 사기 짓에 가장 추악한 열광적 광신이 더해진, 눈뜨고는 못 볼 광경을 지켜보아야 했다.

쥐리외[32]는 네덜란드에서 예언자 행세를 했다. 이런 사기꾼들은 어느 시대나 존재했다. 예언을 한다는 파렴치한 자들만 존재한 게 아니었다. 옛날에 누군가가 했던 예언을 날조하는 자들도 있었다.

이 세상은 언제나 무녀와 노스트라다무스들로 가득했다. 코란에는 28만 명의 예언자가 등장한다. 에피파네의 주교는 사도들이 썼다고 하는 경전canon에 주석을 달면서 73명의 유대 예언자와 여자 예언자 열 명이 있었다고 말했다. 유대 사회에서 예언자라는 직은 명예로운 고위직도 아니고 특정 계급도 전문적인 직업도 아니었다. 오늘날 옥스퍼드나 케임브리지 대학에서 박사학위를 받는 것처럼 예언자 자격증을 획득하는 게 아니었다. 누구나 마음만 먹으면 예언자가 될 수 있었다. 하느님의 영과 소명을 갖고 있거나, 아니면 그것을 갖고 있다고 자신하거나, 아니면 갖고 있는 체하는 것만으로 충분했다. 춤을 추거나 프살테리움(현악기)을 연주하면서 미래를 예언했다.

사울은 하느님에게 배척당한 처지에 있으면서도 예언자 행세를 했다. 전쟁이 일어났을 때, 양측 진영에는 각각 저마다의 예언자들이 있

---

32 쥐리외(Pierre Jurieu, 1637~1713) 프랑스 출신 개신교 신학자

었다. 그럽 스트리트The Grub Street[33]에 삼류 작가들이 우글대는 것처럼 말이다. 양측은 서로를 미치광이, 망상증 환자, 거짓말쟁이, 사기꾼 취급하며 서로를 비난했는데, 그들의 발언 중에 이것만이 유일한 진실이었다. 불가타 성서에 따르면, 호세아는 이에 대해 다음과 같이 말했다.

이스라엘은 알아라. 벌 내릴 날이 다가왔다. 죄지은 만큼 당할 날이 다가왔다. 너희가 목젖까지 악이 차올라 하느님을 거스르기만 하는구나. "이 어리석은 예언자야, 신들린 미친 녀석아!" 하면서(호세아 9:7)

예루살렘의 예언자 소포니아는 "예루살렘의 예언자들은 모두 비현실적인 망상가들이요 믿음이 없는 자들"이라고 말했다. "저희 약국에서 조제한 약을 사드세요. 모조품에 주의하세요"라는 광고 문구로 신문 지상을 도배하는, 요즘 잘 나가는 런던의 약사 무어Moore(볼테르와 동시대인)와 조금도 다를 바 없는 자들이었다.

예언자 미가가 사마리아와 유대 왕에게 두 나라의 재앙을 예고하자, 예언자 시드카야는 그에게 따귀를 세차게 때리며 이렇게 말했다. "어떻게 하느님의 영이 나에게서 빠져나와 그대에게 갈 수 있느냐?"

유대인의 압제자 느부갓네살에게 유리하게 예언을 했던 예레미야는 자기 목에 밧줄을 매고 등에는 안장 혹은 굴레를 얹었다.(예레미야 27장) 그런데 이 행동은 일종의 예표였다. 이웃 나라 왕들에게 이 예표

---

33 런던에 있는 가난한 작가나 신문기자들의 활동 무대

를 전하여 느부갓네살에게 항복할 것을 권유하라는 하느님의 메시지를 전달받았던 것이다. 하지만 예언자 하나니야는 예레미야를 배반자라 생각하고, 밧줄을 풀어 잘라버리고 안장을 땅바닥에 내동댕이쳤다.(예레미야 28장)

호세아는 창녀와 결혼하여 아들을 낳으라는 하느님의 명령을 받는다. 이에 대해 불가타 성서에서는 이렇게 말한다.

너는 바람기 있는 여자와 결혼하여 음란한 자식을 낳아라.(호세아 1:2)

호세아는 하느님의 말씀에 따라 디블라임의 딸 고메르를 아내로 맞아 세 아이를 낳았다. 예언자와 창녀의 기묘한 동거는 적어도 3년 동안 지속된 셈이다. 유대 하느님은 이것으로 만족할 분이 아니었다. 집을 나가 다른 남자들과 어울려 지낸 그 여인과 잠자리를 하라는 명령을 내렸던 것이다.

예언자 호세아는 15드라크마(화폐 단위)와 보리 한 말을 대가로 지불하고 여인을 집으로 데려왔다. 하느님의 명을 수행하는 데 드는 비용치고 그리 큰 부담은 아니었다. 하기야 족장 유다는 그보다도 적은 대가를 치르고 며느리 다말과 근친상간을 저질렀던 적도 있었으니!

에제키엘은 왼쪽 옆구리를 바닥에 대고 390일 동안을, 또 오른쪽 옆구리를 바닥에 대고 40일 동안 누워 자고, 두루마리 책을 받아먹으라는 하느님의 명령을 받았다. 이런 에제키엘 예언자가 소개하는 세상의 창조자이신 하느님의 모습은 다음과 같다.

야훼께서 나에게 이런 말씀을 내리셨다. "너 사람아, 예전에 두 여인이 있었다. 그들은 한 어미의 딸이었다. 그들은 이집트에 있을 적에 이미 놀아났었다. 소녀 적부터 놀아났었다. …… 언니의 이름은 오홀라요, 아우의 이름은 오홀리바였다. …… 오홀라는 내 그늘에서 살면서도 외간남자들과 놀아났다. …… 오홀라는 아시리아인들 가운데서도 뛰어난 그들과 놀아났다. 그들의 온갖 우상에 반하여 온통 몸을 더럽혔다. …… 그런데 아우 오홀리바는 이 모든 것을 보고서도 자기 언니보다 더 몸이 달아 다른 남자들과 놀아났다. … 오홀리바는 이렇듯이 놀아나면 놀아날수록 이집트에서 소녀의 몸으로 놀아났던 그 시절이 그리워졌다. 물건이 나귀의 그것만큼 크고 정액을 말처럼 쏟는 이집트의 정부들과 열을 올리던 일을 잊지 못하였다."
(에제키엘 23장)

언젠가 누군가가 우리의 친구 위더즈 장군에게 그 예언서를 읽어주었더니, 그는 성서라는 책들이 어느 매음굴에서 쓰였는지를 물었다는 일화가 있다.

오늘날 예언서를 읽는 사람은 거의 없다. 누가 과연 그렇게 장황하고 엄청난 분량의 객설을 참을성 있게 읽어낼 수 있겠는가? 『걸리버 여행기』나 『아틀란티스 이야기』를 읽은 사람들도 호세아나 에제키엘은 알지 못한다.

양식 있는 사람들에게 횡설수설하는 예언서들 중에서도 그 끔찍하고 구역질나는 일부분을 보여준다면, 누구든지 놀라움과 경악에서 헤어 나오기가 쉽지 않을 것이다. 이사야가 예루살렘 한복판에서 알몸으로 걸어 다니고, 에제키엘이 자기 수염을 밀어 삼등분하고, 요나가

고래 뱃속에서 사흘을 머물러 있었다는 것을 어떻게 납득할 수 있겠는가!

만일 그렇게 황당무계하고 외설적인 이야기를 성서가 아닌 평범한 책에서 읽었다면, 불쾌함으로 진저리를 치며 즉시 책을 내던져버렸을 것이다. 하지만 그것은 성서가 아닌가! 독자들은 혼란스러움을 겪을 것이고, 잠시 동안 망설일 것이다. 책 내용이 혐오스럽다고 판단하지만, 그런 내용을 담고 있는 책을 감히 단죄하지는 못한다. 그러나 시간이 지나면서 서서히 인간의 상식이 제대로 작동하고, 그동안 협잡꾼들과 우매한 자들이 숭배하도록 강요했던 것을 마침내 경멸하고 증오하게 된다.

이성이나 염치 따위는 찾아볼래야 찾아볼 수 없는 그 책들은 대체 언제 쓴 것일까? 아는 사람은 아무도 없다. 솔로몬과 다니엘 등 여러 저자들이 썼다고 전해지는 그 책들 중 대부분이 알렉산드리아에서 작성되었다는 의견이 가장 사실에 가깝다. 다시 한 번 말하지만, 언제 어디서 쓰여졌는지 그게 무슨 상관인가? 그 책들이 극단적인 광기와 가장 추악한 외설의 집합소라는 사실만 분명히 인식한다면, 그것으로 족하지 않는가?

유대인들은 어떻게 그런 책들을 숭배하고 공경할 수 있었을까? 그들이 유대인이라는 사실만 잊지 않는다면, 쉽게 이해할 수 있는 문제다. 그리고 또 한 가지 지적할 것은 그 황당무계한 이야기들은 사제나 율법학자들만이 접할 수 있었다는 사실이다. 중국인이 발명한 인쇄술이 뒤늦게 전해진 지역에서는 책이 얼마나 귀했는지는 잘 알려진바 그대로다. 그보다도 더욱 경악스러운 것은, 우리 교부들이 그 끔찍하고 혐오스러운 망상들을 받아들이고 더 나아가 그들의 종교를 입증하는데 그것들을 논거로 삼았다는 점이다.

이제부터는 구약성서에서 신약성서로 이동하여 예수라는 인물과 그리스도교의 성립 과정에 대해 살펴보자. 왕을 살해했다는 수백 가지 일화, 어린아이들을 도벳 골짜기의 화염 속으로 던지고 우박처럼 쏟아지는 돌덩이에 깔려죽게 했다는 이야기들은 건너뛰려고 한다. 잔인하고 불경스러운 이야기들, 그 끝도 없는 이야기들을 여기서 다 다룰 수도 없거니와 다룰 필요도 없다.

딱하고 한심한 유대인들이여! 예수라는 아주 평범한 이름을 가진 자, 그 하층민 출신 인물이 진정 그대들의 나라에서 탄생했단 말인가! 이제부터는 예수가 어떤 인물인지 살펴보기로 하자.

II

10장

예수라는 인물

예수는 아직도 광신이 지배하고 있었지만 절제의 미덕이 광신을 조금 더 능가하던 시기에 탄생했다. 유대인이 그리스인 및 로마인들과 오랫동안 교류한 결과, 상류층에게는 조금 더 합리적이고 덜 저급한 풍습이 자리 잡았다. 그러나 조금도 개선의 여지가 없었던 하층민들은 무절제와 광란의 정신을 간직하고 있었다. 그리하여 시리아 왕들 혹은 로마인이 지배하던 시대에 억압받던 일부 유대인은 하느님께서 언젠가 자기들에게 해방자 혹은 메시아를 보내주실 거라고 기대했다. 헤로데 왕이 그런 기대에 부응하는 듯했다.

헤로데는 유대인의 왕이자 로마인의 협력자였다. 헤로데는 성전을 재건했는데, 그 규모가 솔로몬의 성전을 훨씬 능가했다. 솔로몬 성전이 서 있던 절벽의 구렁을 메워 그 위에 다시 건축했던 것이다. 이제부터 유대 민족은 이방인의 압제에 시달리지 않게 되었으며, 유대 왕에게만 조세를 납부했다. 유대 신앙이 꽃을 피웠고, 고대 율법들이 존중되었다. 실제로 이 시기에 예루살렘은 역사상 유례없는 번영을 누렸다.

이러한 여유와 미신 풍조가 여러 종교 분파 혹은 단체를 탄생케 했다. 사두가이파, 바리사이파, 에세네파, 유다파, '정신치료사'라 불리던 고행자 단체, 세례 요한파 등, 교황파 내에 몰리나파, 얀센파, 도미니코회, 프란치스코회 같은 각종 분파들이 생겨난 현상과 흡사했다. 하지만 그 당시 메시아를 기다린다고 말하는 사람은 아무도 없었다.

유대 역사를 매우 상세히 기록한 플라비우스 요세푸스나 필론 같은 저술가들도 그리스도, 기름 부음을 받은 자, 해방자, 대속자가 오리라고 기대한다는 말을 한 적이 없다. 이런 분의 존재를 아쉬워하지 않아도 될 만큼 유대인 사회가 여유와 안정을 찾았던 까닭이다. 혹시 메시아가 존재한다면, 헤로데가 이미 그 역할을 제법 잘 수행하고 있지 않은가! 실제로 헤로데파라고 하는 당파 혹은 종파가 존재했으며, 이 당파에 속한 자들은 헤로데를 하느님이 보낸 사자라고 믿었다.

예로부터 유대 민족은 자신에게 약간의 혜택을 가져다준 자라면 누구에게나 기름 부음을 받은 자, 메시아, 그리스도라는 이름을 붙였다. 유대 제사장에게, 이방인의 왕에게 그 칭호를 부여하기도 했다. 어느 유대인이 이사야의 헛소리들을 모아 펴낸 책에서 이사야는, 노예근성에 찌든 유대인답게 비열하게 아첨하는 소리를 늘어놓는다.

야훼께서 당신이 기름 부어 세우신 고레스에게 말씀하신다. '내가 너의 오른손을 잡아주어 만백성을 네 앞에 굴복시키고 제왕들을 무장해제 시

키리라. 네 앞에 성문을 활짝 열어 젖혀 다시는 닫히지 않게 하리라.'
(이사야 45:1)

열왕기에서는 간악한 예후를 기름 부음을 받은 자, 메시아라 부른다. 또한 어느 예언자는 다마스쿠스 왕 하사엘에게 그가 바로 메시아, 지극히 높으신 분의 기름 부음을 받은 자임을 알려준다. 에제키엘은 띠로의 왕에게 이렇게 말한다.

그대는 케루빔이요 기름 부음을 받은 자요 메시아요 하느님과 똑같이 닮았음을 인증하는 인장이다.

만일 유대 왕국에서 자신에게 그런 칭호들을 부여했다는 것을 띠로의 군주가 알았다면, 신이라도 된 듯 마음껏 우쭐대었을 것이다.

에제키엘이 정말로 하느님으로부터 영감을 받았다면, 얼마든지 그럴 수 있지 않겠는가! 하지만 복음서 저자들은 예수에게조차 그 정도로 칭송한 적이 없다.

어쨌든 헤로데 대왕 시대에 기름 부음을 받은 자 혹은 메시아를 기대하거나 열망하거나 예고하는 유대인은 아무도 없었다. 그런데 바로 이 시대에 예수가 태어났다고 한다! 헤로데 대왕이 죽은 뒤, 유대는 로마제국의 속주가 되어 로마인의 통치를 받았고, 로마인들은 다른 헤로데를 갈릴리라는 협소하고 미개한 지역을 다스리는 왕으로 임명했다. 바로 이때 유대 지방에, 그중에서도 특히 다른 지역 주민들보다도 더 무지하고 천박한 유대인이 거주하던 갈릴리에 몇몇 광신자들이 나타나 하층민을 대상으로 설교하기 시작했다. 이는 우리 시대에, 가난한 농부였던 조지 폭스[1]가 영국 어느 지방의 농촌 사회에서 퀘이커교를 창시했던 것과 비견할 만한 일이었다. 프랑스에서 칼뱅파 교회를 처음으로 창설한 자도 장 르클레르크라는 소모梳毛 직공이었다. 토마스 뮌처, 얀 데 라이데 등 몇 사람이 독일 몇몇 지역의 하층민 사회에서 재세례파[2]를 창시했던 것과도 유사한 현상이었다.

필자는 프랑스에서 일부 얀센파[3] 광신자들이 파리 근교의 하층민 사회에서 소규모 종파를 만드는 것을 본 적이 있다. 지구상에 존재하는 모든 종파들이 이렇게 탄생했다. 대부분이 천한 거렁뱅이들로 이루

---

1   조지 폭스(George Fox, 1624~1691) 퀘이커교 창시자. 가출하여 방황하던 중 1643년 회심을 체험했다. 그 후 내면으로부터의 빛에 의한 구제를 주창하며 '진리의 벗'이라는 조직을 만들어 웨일스 등지에서 전도하였다. 주로 중하층 계급에서 많은 교도를 모았으며, 여러 차례 투옥되었으나 굴하지 않고 미국에까지 조직을 넓혀 나갔다. 퀘이커는 개신교의 한 교파로서 영국과 식민 아메리카 등지에서 일어난 급진적 청교도 운동의 한 부류다. 예배 시간에도 인도자 없이 정해진 시간에 정해진 처소에서 침묵과 명상을 하며, 폭스는 노예, 전쟁, 사형 제도를 반대하는 사회 개혁에 주력하면서 금주와 함께 검소한 생활을 강조했다.

2   종교개혁에 수반하여 출현한, 비자각적인 유아세례를 비성서적이라 보고, 세례 지원자에게 다시 세례를 베푸는 개신교 종파. 재침례파(再浸禮派)라고도 한다. 이 종파는 여러 파로 나뉘는데, 자각적인 신앙고백 이후의 세례만이 유일한 세례라고 주장한다.

3   벨기에의 신학자 얀센(C. O. Jansen, 1585~1638)에 의해 비롯된 종교운동 종파. 이들은 원죄로 타락한 인간은 죄와 욕정으로부터 자유롭지 못하고 오직 은총을 통해서만 자유로워질 수 있다고 주장했다. 또한 신앙생활에서는 극도로 엄격한 생활을 강조하고 고해성사나 성체성사를 받기 위해서는 오랜 준비를 철저히 할 것을 요구했다. 이러한 경건한 신앙생활에 대한 엄격성은 교회가 복음적인 삶에서 멀어지고 세속의 풍조에 휩쓸리고 있다고 우려한 많은 신자들로부터 호응을 받으며 19세기까지 많은 영향을 미쳤다.

어진 어떤 집단이 정부를 비난한다. 이들의 결말은 종파를 만들어 우두머리가 되거나 아니면 교수형에 처해지거나 둘 중 하나다. 예수는 기름 부음을 받지 못한 채 예루살렘에서 처형당했다. 세례자 요한은 그보다 앞서 처형당했다. 두 사람은 하층민들 중 몇 사람을 제자로 길러냈다. 세례자 요한의 제자들은 아라비아 인근으로 넘어가 그곳에 정착했는데, 이 종파는 아직도 명맥을 유지하고 있다. 예수의 제자들은 처음에는 그 존재감조차 없었지만, 몇몇 그리스인들과 교류하면서 점차 세상에 알려지게 되었다.

그런데 티베리우스 황제 시대에[4] 유대인의 악행은 도를 넘어섰고, 급기야 사투르니누스의 아내 풀비아를 꼬여내어 금품을 훔치는 일이 벌어지자, 유대인들은 로마에서 추방당했다. 그들은 상당한 액수의 벌금을 지불하고 나서야 권리를 회복할 수 있었다. 칼리굴라와 클라우디우스 황제 시대에 유대인들은 더욱 혹독하게 처벌받았다.

이렇게 시련을 겪으면서 일부 갈릴리인들은 새로운 종파를 결성하여 유대인 공동체에서 분리되어 나왔다. 이들 중 몇몇 지식인이 종파를 이끌었고, 유대인 사회를 비난하면서 자신들을 옹호하는 글을 쓰기 시작했다. 엄청난 양의 복음서들은 이렇게 해서 탄생했다. 복음서라는 말은 '좋은 소식'을 뜻하는 그리스어였다. 모두가 저마다 예수의 전기를 썼다. 이 저자들의 의견이 일치된 적은 없지만, 종파 창시자인 예

---

4 티베리우스(Claudius Nero Tiberius, 기원전 42~기원후 37) 로마의 제2대 황제. 44년 아우구스투스의 사후 로마 황제로 즉위, 공화정치의 전통을 존중하며 제국을 잘 통치하고 유지하였지만 후에는 공포정치를 자행하였다. 그의 재위 기간에 유대 속주에서 예수가 십자가형을 언도받고 처형되었다.

수가 수많은 이적을 행하였다고 주장한다는 점 한 가지는 공통적이다.

유대교 측에서는 유대인 사회에서 탄생한 신흥 종파가 예수의 일생을 이야기하면서 유대 최고법원(산헤드린)과 유대 민족을 비방하는 것을 보고, 그때까지는 주목해본 적 없는 종파의 창시자를 추적하기 시작했다. 이 시기에 나온 조잡한 책 한 권이 지금까지 남아 있는데, 그게 바로 『예수의 생애Sepher Toldos Jeschut』[5]다. 이 책은 예수가 처형된 지 몇 년 후, 그러니까 복음서들이 제작되던 시기에 제작된 듯하다. 유대교와 그리스도교의 모든 책들과 마찬가지로 이 소책자는 이적들로 가득하다. 그러나 이 책의 내용이 아무리 황당무계하다고 해도, 우리 복음서들보다는 훨씬 더 사실적이라는 점은 인정하지 않을 수 없다.

『예수의 생애』에서는 예수가, 베들레헴에서 요카남Jocanam이라는 가난한 남자와 결혼한 미리야Mirja라는 여자의 아들이라고 말한다. 그런데 같은 마을에 요셉 판테라라는 병사가 살고 있었다. 그는 체격이 좋고 얼굴이 잘 생긴 남자였다. 그는 미리야 혹은 마리아(히브리어에서는 모음을 발음하지 않기에 A와 I를 구분하여 쓰지 않았다)를 사랑하게 되었다.

미리야는 판테라의 아이를 갖게 된다. 혼란스러움과 절망에 빠진 요카남은 베들레헴을 떠나 바빌로니아에 가서 살기로 결심했다. 바빌로

---

5 2세기 로마제국시대에 익명의 유대인이 쓴 것으로 추정되는 작품이다. 이 책은 후에 여러 번역본으로 중세의 유대인들 사이에 퍼졌다. 예수 당시 유대인들이 예수라는 인물을 어떤 정서에서 봤는지를 추론해볼 수 있는 문헌이다. 가톨릭에서는 이 문헌에 대해 "『예수 이야기(Toledot Yeshu)』라는 풍자 책은 수세기에 걸쳐 만들어졌다. 교회는 그 책을 1415년에 단죄하였다. 그 책은 편협하고 논쟁할 가치가 없는 도피 문학에 가까웠으며, 빈정거림과 조소, 풍자가 특징을 이루는 유다인들의 반(反)복음서로 규정될 수 있는 것이었다"고 언급하고 있다.

니아에는 그때까지도 수많은 유대인이 살고 있었다. 미리야의 위신도 크게 손상되었다. 아들 예수 혹은 예슈트Jeschut가 법원에서 사생아로 판정받았던 것이다. 아이가 학교에 입학했을 때는 적자인 아이들과 어울릴 수 있었지만, 결국 퇴출을 당한다.

훗날 성인이 된 뒤에 예수가 사제들에게 공공연히 적대감을 표출하게 된 까닭이 여기에 있었다. 그는 사제들에게 지독한 욕설을 퍼부었고, 그들을 가리켜 "독사의 족속들아!"(마태오 23:33), "그 속에는 죽은 사람의 뼈와 썩은 것이 가득 차 있는 회칠한 무덤 같다"(마태오 23:27)라고 말했다.

모종의 이해관계 혹은 종교적인 문제로 인해 유대인 유다와 마찰이 있고 난 뒤에, 유다는 최고법원에 그를 고발했다. 예수는 체포되었고, 울며 용서를 구했으나 아무런 소용이 없었다. 사람들은 그에게 매질하고 돌을 던졌으며, 결국 그를 처형했다.

이것이 『예수의 생애』의 핵심적인 내용이다. 나중에 몇 가지 시시한 이야기와 황당무계한 이적 이야기가 추가되었으나, 오히려 책의 내용을 불명확하게 하는 효과를 냈을 뿐이었다. 어쨌든 이 책은 다음 세기로 전해졌으며, 켈수스[6]는 이 책을 인용하고, 오리게네스[7]는 반박했다.

---

6   켈수스(Celsus) 2세기의 철학자이자 초기 그리스도교의 비판자. 그리스도교를 공격한 최초의 철학자로, 『참된 토론(Alethes Logos)』이라는 저서를 남겼다. 오리게네스는 켈수스의 비판에 맞서 『켈수스를 논박함』이라는 책(3세기)을 펴냈다. 켈수스는 그리스도교의 로고스 교리와 윤리 규율을 찬양했지만, 교회의 배타적인 주장을 반대했고, 성서의 기적과 비합리성, 그리스도의 십자가상 죽음 등에 반대했다. 그리고 그리스도교가 국가에 반대하여 힘을 기르고 항쟁하는 것을 맹렬히 공격했다.

7   오리게네스(Origenes, 185?~254?) 초기 그리스도교의 신학자, 성서주해학자. 알렉산

이 책은 심하게 왜곡된 채로 오늘날까지 전해지고 있다.

지금까지 필자가 요약한 책의 내용을 보면, 50여 편의 그리스도교 복음서들 중 어느 것보다도 더 믿을 만하고 자연스러우며, 현실 속에서 일상적으로 일어나는 일들과도 훨씬 더 가깝다. 주피터가 알크메네에게 메르쿠리우스를 보냈던 것처럼 하느님께서 보낸 천사가 하늘에서 내려와 목수의 아내에게 칭송의 말을 늘어놓았다는 이야기보다는, 요셉 판테라가 미리야에게 아이를 임신시켰다는 이야기가 훨씬 더 그럴듯하지 않은가!

예수에 관한 이야기들 모두가 구약성서나 베들럼 정신병원 수준을 넘어서지 못한다. 그 정체가 무엇인지 아무도 모를 '아기온 프뉴마agion pneuma'라는 존재, 혹은 거룩한 숨결, 혹은 그 당시로서는 아무도 들어본 적 없는 '성령'이라는 존재, 나중에는 하느님의 삼분의 일, 또는 세상의 창조자이신 하느님 그 자체로 인정된 성령이 찾아와 마리아를 수태시켰다는 것이다. 이 이야기는 예수회 사제 산체스에게 그의 『신학대전』에서 하느님께서 마리아에게 큰 즐거움을 주셨는지, 하느님께서 씨를 뿌리셨는지, 마리아도 함께 씨를 뿌렸는지를 심도 있게 연구하도록 하는 빌미를 제공하기도 했다.

이렇게 해서 예수는 하느님과 유대 여인 사이에서 태어난 아들이 되었다. 아직 하느님은 아니었으나, 우월한 피조물 대접을 받았다.

드리아 학파의 대표적 신학자. 성서, 체계적 신학, 그리스도의 변증적 저술 등의 내용의 저서를 많이 남겼다. 그리스도교 최초의 체계적 사색가로서 이후의 신학사상 발전에 공헌하였다.

그는 이적을 행하였다. 최초의 기적은, 세계의 모든 나라를 한눈에 볼 수 있는 유대 지방의 높은 곳으로 악마에 의해 순식간에 이동했던 사건이다. 그때 그의 옷은 새하얗게 빛났다. 그뿐만이 아니었다. 혼인 잔치에서 손님들이 모두 만취해 있을 때, 물을 포도주로 바꿔놓았다.(요한 2:1~12)

어느 해 2월 말쯤에는 점심 먹을 때가 되어 무화과를 찾았으나, 무화과나무에 무화과가 달리지 않은 것을 보고 나무를 말라죽게 했다. 적어도 여기서는 양심적인 이야기 저자가, 그때는 무화과가 열리는 계절이 아니었다고 솔직히 고백하고 있다.(마르코 11:12~14)

예수는 여인들의 집이나 세리의 집에서 식사를 했다. 그런데 예수가 세리나 징세청부인들을 사악한 자로 취급했다고 이야기 저자들은 말한다. 예수는 성전, 곧 사제들이 거주하는 구역 내부로, 소상인들이 제물을 바치러 온 사람들에게 닭, 비둘기, 양을 팔 수 있도록 법으로 허용된 울타리 안으로 들어갔다. 그는 커다란 채찍을 들고 상인들의 어깨를 내리치면서 밖으로 쫓아냈다. 상인들뿐만 아니라 그들이 팔던 닭, 비둘기, 양, 소들도 쫓아내고 돈을 땅바닥에 내동댕이쳤다. 놀랍게도 아무도 이를 저지하지 않았다.

요한이 썼다고 하는 복음서에 따르면, 사람들은 예수에게 성전이라는 엄숙한 장소에서 그런 소란을 피워도 되는 권한이 있는지를 증명하기 위한 이적을 보여달라고 요구했을 뿐이었다.(요한 2:18)

30~40명이나 되는 상인들이 한 사람에게 꼼짝 못하고 얻어맞았으며, 아무 말도 못하고 돈을 빼앗긴 이 상황이야말로 대단한 기적이지 않는가! 『돈키호테』라는 소설책에서도 이 정도의 황당무계한 일은 벌

어지지 않는다. 그런데 예수는 사람들이 요구하는 기적을 보여주는 대신, "그 성전을 허무시오. 내가 사흘 안에 다시 세우겠소"라고 말할 뿐이다. 그러자 "유대인들은 '이 성전을 짓는 데 46년이나 걸렸는데, 당신이 사흘 안에 세우겠단 말이오?'라고 대꾸했다"고 복음서 저자 요한이 말한다.(요한 2:19~20)

헤로데가 예루살렘 성전을 짓는 데 46년이 걸렸다는 것은 물론 사실이 아니다. 유대인들은 이와 같은 오류도 반박하지 못했다. 복음서들이 변변찮은 자들에 의해 작성되었다는 사실이 여기서도 드러난다.

이 모든 기적 이야기들은 스미스필드[8] 저잣거리에서 흔히 볼 수 있는 야바위꾼들의 야설과 조금도 다를 바 없어 보인다. 우리의 톨런드[9]나 울러스턴 같은 이들이 그에 합당한 대접을 했다. 어쨌든 그중에서 가장 필자의 마음에 드는 기적은 예수가 악마를 2천 마리나 되는 돼지 떼 속으로 쫓아버렸다는 일화다.(마태오 8:32) 돼지라고는 한 마리 찾아볼 수도 없는 고장에서 있었던 일이다.

이와 같이 놀라운 이적을 여러 차례 행한 뒤, 예수는 마을들을 돌아다니면서 설교했다. 그가 어떤 이야기를 했을까? 예수는 하늘나라를 겨자씨 한 알, 밀가루 서 말 속에 넣은 누룩 한 조각, 좋은 물고기와 나쁜 물고기를 건져 올리는 그물, 그리고 아들의 혼인 잔치에 쓰려고 집에서 키우는 날짐승을 잡고 하인을 보내어 이웃사람들을 잔치에 초대했다는 어느 왕에 비유했다. 그런데 이웃사람들은 잔치에 와달라

---

8 육류 시장이 있었던 런던의 한 지구
9 톨런드(John Toland, 1670~1722) 영국의 이신론자, 철학자

고 청하러 간 하인들은 죽인다. 왕은 그자들을 죽이고 마을들을 불태웠다. 그러고는 거리에서 마주치는 거렁뱅이들을 잔치에 데려오라고 명했다. 그런데 초대를 받고 잔치에 참석한 자들 중에서 옷을 제대로 갖춰 입지 않은 한 사람이 눈에 띄었다. 그자에게 옷을 한 벌 내려주는 대신, 왕은 그 사람을 감옥에 가둬버렸다. 이게 바로 마태오 복음서에서 말하는 하늘나라의 모습이다.

다른 설교에서 예수는 하늘나라를 100퍼센트 폭리를 취하려는 악덕 고리대금업자에 비유했다. 우리의 틸로트슨[10] 대주교님이라면 절대로 그런 투의 설교는 하지 않았을 텐데!

예수 이야기는 어떻게 끝을 맺을까? 우리나라뿐만 아니라 세계 어느 곳에서나 공통적으로 찾아볼 수 있는 현상으로, 별다른 능력도 없으면서 하층민을 선동하고 무장시켜 막강한 권력을 가진 우두머리가 되고자 했던 수많은 사람들에게 최종적으로 들이닥치는 결말을 맞이했다. 결국 그들 대부분은 처형당했다. 실제로 예수는 자기보다 지위가 높은 사람들을 "독사" 혹은 "회칠을 한 무덤"이라고 불렀다는 이유로 처형당했다. 그는 공개적으로 처형당했으나, 아무도 모르는 새에 되살아났다. 그런 다음에는 스물네 명의 제자들이 지켜보는 가운데 하늘로 올라갔다.

하지만 나머지 유대 사람들 중에서 이 광경을 목격한 자는 아무도 없었다. 정말로 그런 일이 일어났다면 쉽게 눈에 띄었을 광경이고, 단한 사람이라도 목격자가 있었으면 빅뉴스가 되어 온 세상 사람들의

---

10 틸로트슨(John Tillotson, 1630~1694) 영국의 성직자, 캔터베리 대주교, 웅변가

이목을 집중시켰을 텐데 말이다.

로마 가톨릭 신자들이 신경Credo이라고 부르는 우리의 상징, 사도들이 만든 것이라고 알려져 있으나 사도 시대 이후 400여 년이 지난 뒤에 작성된 것임이 분명한 그 상징에서는, 예수가 하늘에 오르기 전에 지옥을 찾아가서 둘러보았다고 말한다. 우리 모두 잘 알고 있다시피 복음서에서는 이에 대한 언급이 전혀 없다. 하지만 이것은 분명히 그리스도교인의 신앙 고백을 구성하는 주요 항목 가운데 하나다. 따라서 예수가 지옥에 갔다는 것을 믿지 않는다면, 그리스도교인이 될 수 없다.

그렇다면 예수가 지옥을 찾아갔다는 이야기를 처음으로 생각해낸 사람은 누구일까? 예수가 죽은 지 350년쯤 지났을 때, 아타나시우스[11]가 처음으로 이야기했다. 그는 아폴리나리스[12]를 반박하는 논설문에서 '주님의 성육화'에 대해 논하면서, 예수의 육신이 무덤 속에 머물러 있는 동안 그의 영혼은 지옥으로 내려갔다고 말했다. 이 발언은 주목할 만하다. 그리고 아타나시우스가 얼마나 대단한 통찰력과 지혜로써 논리를 전개시키고 있는지 살펴볼 만하다. 우선 그의 말을 들어보자.

예수가 죽은 뒤, 그의 존재를 구성하던 각 부분들은 각기 서로 다른 기능

---

11 아타나시우스(Athanasius, 296?~373) 4세기에 활동했던 알렉산드리아의 총대주교. 325년 니케아 공의회에서 아리우스의 이단설을 매섭게 논파함으로써 명성을 얻었다. 정통신앙의 아버지로 불린다.

12 아폴리나리스(Apollinaris, ?~382) 4세기에 활동했던 라오디케이아의 주교. 예수의 인성을 부정하여 이단으로 단죄받았다.

을 수행했다. 그의 육신은 부패를 쳐부수려고 무덤 안에 누워 있었고, 영혼은 죽음과 싸워 이겨내려고 지옥으로 향했다.

북아프리카 출신인 아우구스티누스[13]는 (고향 친구인) 에보디우스에게 쓴 편지에서 아타나시우스의 의견에 동조하고 있다. 그와 동시대를 살았던 히에로니무스[14]도 비슷한 의견을 피력했다. 바로 이 아우구스티누스와 히에로니무스 시대에 그 상징, 다시 말해 무지한 자들에게는 '사도신경'이라 알려진 '신경'이 완성되었다.

교리, 신앙, 종파들이 이렇게 성립되었다. 그런데 어떻게 하여 그 황당무계하고 혐오스러운 이야기들이 신뢰감을 얻을 수 있었을까? 어떻게 하여 그것들이 그리스인과 로마인의 황당한 객설들을 타파하고, 나아가 로마제국을 무너뜨릴 수 있었을까? 그리고 어떻게 하여 그것들이 수많은 악행과 불행, 숱한 전쟁을 일으키고, 그 많은 화형장의 장작더미를 불타오르게 하고, 그렇게나 많은 피를 흘리게 했을까? 이제부터는 이 상황에 대해 명확하게 규명해보기로 하겠다.

---

13 아우구스티누스(Augustinus, 354~430) 4세기 북아프리카인 알제리 및 이탈리아에서 활동한 신학자이자 주교. 자서전인 『고백록』에서 언급한 것처럼 여러 사상을 편력한 후 386년에 그리스도인이 되었다. 그리스도교 신학의 뼈대를 세운 교부로서 초대 그리스도교 교회가 낳은 위대한 철학자이자 사상가이다. "교회 외에 구원은 없다"는 유명한 말을 남겼다.

14 히에로니무스(Hieronymus, 348~420) 제1차 니케아 공의회(325) 이후의 로마 가톨릭교회의 신학자이자 4대 교부 중 한 사람으로서 불가타 성서의 옮긴이로 알려져 있다.

11장

예수와 그의 제자들을 어떻게
인식해야 할까?

예수는 분명 유대 지역의 비천한 농부였다. 물론 고향 마을의 주민 대
다수보다는 '각성한' 사람이었겠지만 말이다. 글을 읽거나 쓸 줄은 몰
랐지만(여러 정황상 예수는 문맹이었으리라 추정된다)[15], 작은 분파를 조직하
여 레갑 사람들, 유다파, '정신치료사'들, 에세네파, 바리사이파, 사두가
이파, 그리고 헤로데파 사람들과 대항하고자 했다.

알렉산드리아에 정착한 이래로 유대인 사회에서는 모든 게 파벌이

---

15 저자의 추정과 달리 예수가 글을 쓸 줄 알았다고 추정할 수 있는 근거도 있다. "예수
께서는 몸을 굽혀 손가락으로 땅바닥에 무엇인가 쓰고 계셨다. 그들이 하도 대답을
재촉하므로 예수께서는 고개를 드시고 '너희 중에 누구든지 죄 없는 사람이 먼저
저 여자를 돌로 쳐라' 하시고 다시 몸을 굽혀 계속해서 땅바닥에 무엇인가 쓰셨다."
(요한 8:6~8)

었다. 앞에서도 지적했듯이, 하층민 출신의 무지한 자로서 때로는 유익한 도덕을 설파하고, 무엇보다도 평등을 주장하면서 빈민층에게 환심을 샀던 우리 시대의 조지 폭스와 비교되는 인물이었다. 예수처럼 폭스는 단체를 결성했지만, 얼마 지나지 않아 이 단체는 본래의 취지에서 멀어진다. 예수가 결성한 분파에서도 동일한 현상이 나타났다. 두 사람은 당대의 사제들을 공개적으로 비난했다. 그러나 법은 유대보다 영국에서 조금 더 인간적이었다.

사제들은 그들을 법원에 기소했다. 폭스는 죄인 공시대에 매달리는 형벌을 받았다. 그러나 유대교 사제들은 재판장 빌라도를 부추겨 마치 악행을 저지른 노예를 대하듯이 예수에게 매질을 하고 나중에는 십자가 모양의 형틀에 매달아 처형했다. 매우 야만적인 형벌이었다. 나라마다 제각각 풍습이 다른 법이니 어쩌겠는가! 그의 두 손과 두 발에 못질을 했다는 게 사실일까? 이것은 별로 신경 쓸 필요가 없는 세부 사항에 지나지 않는 것인가? 필자의 생각으로는, 포갠 두 발을 꿰뚫을 수 있을 만큼 긴 못을 그 지역에서 찾기가 쉽지 않았을 텐데 말이다. 어찌됐든 유대인들이라면, 그렇게 끔찍한 짓을 얼마든지 저지를 수 있는 자들이라는 것만은 사실이다.

퀘이커교도들이 죄인 공시대에 매달린 창시자에게 그러했듯이, 예수의 제자들도 처형당한 스승에 대한 애착을 버리지 못했다. 그래서 이들은 예수가 죽은 지 얼마 후에 예수가 아무도 모르는 새에 소생하였다는 소문을 퍼뜨렸다. 죽은 자가 되살아날 수 있는지의 문제로 그 당시 유대 종파들 간에 큰 논쟁이 벌어지고 있었던 까닭에, 예수가 부활했다는 주장은 신도들에게 쉽게 받아들여졌다.

또한 그 당시 알렉산드리아에서 크게 유행하고 있었으며 지적인 몇몇 유대인의 관심을 끌었던, 플라톤 철학이 이제 막 탄생한 신흥 종교에 도움을 주었다. 이렇게 하여 그리스도교는 온갖 신비와 부조리한 교리들로 가득 채워지게 되었다. 이것이 바로 우리가 이제부터 살펴볼 내용이다.

12장

그리스도교의 성립
− 특히 바울로라는 인물을 중심으로

갈릴리인들이 그리스인과 로마인의 하층민 사회로 진입하기 시작했을 때, 그리스인과 로마인 하층민 집단은, 신화나 전설 같은 허황된 이야기를 좋아하는 무지한 인간들을 쉽게 파고드는 불합리하고 부조리한 온갖 전승들로 심하게 오염되어 있었다. 그들은 신이 여자를 유혹하려고 황소, 말, 백조, 뱀으로 변신한다는 황당무계한 이야기 더미 속에 파묻혀 있었다. 고위 관리나 주요 시민들은 그 허황된 이야기를 인정하지 않았지만, 하층민들은 이에 열광했다. 이런 상황에서 유대인 하층민이 이교도 하층민을 가르치고 훈계하기 시작했다.

우리나라에서 폭스의 추종자들이 브라운[16]의 추종자들과 논쟁을

---

16 브라운(Robert Brown, 1550~1633) 회중파 교회의 창시자. 회중파는 영국 청교도혁

벌였던 것과 흡사한 현상이었다. 터무니없는 망상을 믿는 우매한 자들에게 유대인 광신자들이 터무니없기는 마찬가지인 자신들의 망상을 믿도록 유도하기란 어렵지 않은 일이었다. 자신들의 케케묵은 어리석은 말장난에 싫증나 있던 좀 모자란 자들이, 단지 새롭다는 것에 이끌려 새로운 오류들을 향해 달려들었다고 말할 수 있을까! 요즘에 바르톨로뮤 장터를 배회하는 어중이떠중이 인생들이 너무 자주 본 익살극에 식상하여 새로운 익살극을 요구하는 것처럼 말이다.

그리스도교인의 책인 사도행전에 따르면, 요한의 아들 베드로는 요빠에서 무두장이 시몬의 집에 머무르던 중, 죽어서 다락방에 안치된 재봉사 도르가라는 여인을 소생시켰다고 한다.(사도행전 9:36~43)

루키아누스[17]가 썼다고 알려진 「필로파트리스」라는 문서에서는 그 갈릴리인(사도 바울로)을 대머리에 코가 길고, 세 번째 하늘로 이끌려 올라갔다온 자로 소개한다. 그 갈릴리인이 속했던 유대인 공동체를 저자가 어떻게 묘사하고 있는지 주목해보자. 그 당시 유대인의 모습은 우리의 스코틀랜드 장로파 사람들이나 파리의 생 메다르 묘지에 모여든 광신적인 거렁뱅이 얀센파 신도들과 조금도 다를 바 없었다. 누더기를 걸쳤거나 거의 헐벗다시피 하고, 사나운 눈초리에……. 전형적인 광신도의 모습이다. 마음껏 소리 지르고, 얼굴을 찡그리며 과장된 몸

명의 중심 세력을 이루었던 종파로서, 국가와 교회의 완전분리를 주장한 브라운의 사상에 뿌리를 두고 있다. 이들은 종교적으로 칼뱅주의를 신봉하고 분리파와 맥락을 같이하면서도 장로파 외 여러 교파의 중간적 입장을 취하였기 때문에 독립파로 불리기도 한다.

17 루키아누스(Lucianus, 120?~180?) 로마 시대의 그리스 문학의 대표적 작가, 풍자작가

짓을 하고, 성부 하느님에게서 나신 성자의 이름을 걸고 맹세하면서 로마제국을 향해 수천 가지 재앙을 예고하고, 황제에게는 불경한 언사를 쏟아내었다. 이것이 바로 초기 그리스도교 신자들의 모습이었다.

그리스도교를 전파시키는 데 가장 크게 공헌한 자가 루키아누스가 조롱했던, 대머리에 긴 코를 가진 바울로였다. 바울로가 쓴 글들을 읽어보기만 해도 루키아누스의 판단이 얼마나 옳았는지 금방 알아차릴 수 있다. 로마 시에서 유대인 빈민촌을 이루어 살던 그리스도교 집단을 향해 쓴 글은 횡설수설 그 자체다!

할례는 율법을 지키는 사람에게만 가치가 있고 율법을 지키지 않는 사람은 할례를 받았다 하더라도 받으나마나 한 것입니다.(로마서 2:25)

그러면 우리가 믿음을 내세운다고 해서 율법을 무시하는 줄 아십니까? 절대로 그렇지 않습니다. 오히려 율법을 존중합니다.(로마서 3:31)

만일 아브라함이 자기 공로로 하느님과 올바른 관계를 얻었다면 과연 자랑할 만도 합니다. 그러나 그는 하느님 앞에서 자랑할 것이 없었습니다.
(로마서 4:2)

여기서의 바울로는 그리스도교인이 아닌 유대교도로서의 모습을 보여주고 있다. 게다가 일관된 두 가지 사고를 나란히 배열할 줄도 모르는, 비상식적인 광신자의 모습마저 엿보인다. 고린토인을 향한 설교는 또 어떤가!

모세 때에 우리 조상들은 구름의 인도를 받았고 모두가 홍해를 무사히 건 넜습니다. 말하자면 그들은 모두 구름과 바다 속에서 세례를 받아 모세의 사람들이 되었던 것입니다.(고린토전 10:2)

벰보 추기경[18]이 바울로의 서간들을 읽지 말라고 충고했는데, 그럴 만한 이유가 충분한 것 같다.

고린토인들에게 "여자가 교회 집회에서 말하는 것은 자기에게 수치가 됩니다"(고린토전 14:35)고 말했던 자가, 같은 서한에서 "여자가 기도를 하거나 하느님의 말씀을 받아서 전할 때에 머리에 무엇을 쓰지 않으면 그것은 자기 머리, 곧 자기 남편을 욕되게 하는 것입니다"(고린토전 11:5)"라고 말하는 것을 어떻게 이해해야 할까?

다른 사도들과 논쟁할 때의 모습을 보면, 그가 과연 현명하고 절도 있는 자인지 의구심이 들 정도다! 그에게서는 편파적인 모습밖에 보이지 않는다. 바울로는 그리스도교인이 되었고, 그리스도교를 가르쳤다. 그러면서도 그리스도교 신자로 취급받기 싫어서 야고보의 충고에 따라 7일 동안을 계속해서 예루살렘 성전 안에 죽치고 있기도 했다.

바울로는 갈라디아인에게 이렇게 썼다.

나 바울로가 여러분에게 말합니다. 만일 여러분이 할례를 받는다면 그리스도가 여러분에게 아무런 이익도 되지 못할 것입니다.(갈라디아 5:2)

---

18 벰보(Pietro Bembo, 1470~1547) 이탈리아의 추기경이자 저술가

그로부터 얼마 후, 바울로는 유대인들이 그리스인과 창녀 사이에서 태어난 자라고 주장하는 제자 디모테오에게 할례를 받도록 허락한다. 또한 바울로는 사도들 틈으로 슬그머니 섞여 들어갔다. 그러고는 고린토인들에게 자기가 사도들과 동등한 사도라고 큰 소리쳤다.

내가 자유인이 아니란 말입니까? 내가 사도가 아니란 말입니까? 내가 우리 주 예수를 뵙지 못했단 말입니까? 여러분은 바로 내가 주님을 위해서 일하여 얻은 열매가 아닙니까? 비록 내가 다른 사람들에게는 사도가 아닐지라도 여러분에게는 사도입니다. …… 도대체 우리에게 먹고 마실 권리가 없단 말입니까? 우리라고 해서 다른 사도들이나 주님의 형제들이나 베드로처럼 그리스도를 믿는 아내를 데리고 다닐 권리가 없단 말입니까? 혹은 나와 바르나바에게만 노동하지 않고 먹을 권리가 없단 말입니까? 자기 비용을 써가면서 군인 노릇을 하는 사람이 도대체 어디 있습니까?(고린토전 9:1~7)

수많은 것들을 암시하는 대목이다! 아랫사람들에게 신세지며 살아도 될 권리, 아내나 누이의 생활비마저 그들에게 청구할 수 있는 권리, 예수에게 형제가 있었다는 사실, 마리아 혹은 미르야가 한 번 이상 출산했을 것이라는 추정…….

고린토인에게 보내는 두 번째 편지에서(11장) 바울로가 과연 어떤 자들에 대해 말하고 있는지 필자는 무척 궁금하다.

그런 자들은 거짓 사도이며 사람을 속여먹는 일꾼이며 그리스도의 사도

로 가장하는 자들입니다. …… 부끄럽게도 나는 너무 약해서 그런 짓까지
는 하지 못했습니다. 그러나 누가 무슨 자랑을 한다면 나도 그와 똑같은
자랑을 해보겠습니다. 이것은 물론 내가 어리석은 사람이라 치고 하는 말
입니다. 그들이 히브리 사람들입니까? 나도 그렇습니다. 그들이 이스라엘
사람들입니까? 나도 그렇습니다. 그들이 아브라함의 후손들입니까? 나도
그렇습니다. 그들이 그리스도의 일꾼들입니까? 미친 사람의 말 같겠지만
사실 나는 그리스도의 일꾼으로서는 그들보다 낫습니다. 나는 그들보다
수고를 더 많이 했고 감옥에도 더 많이 갇혔고 매는 수도 없이 맞았고 죽
을 뻔한 일도 여러 번 있습니다. 유다인들에게 사십에서 하나를 감한 매를
다섯 번이나 맞았고 몽둥이로 맞은 것이 세 번, 돌에 맞아 죽을 뻔한 것이
한 번, 파선을 당한 것이 세 번이고 밤낮 하루를 꼬박 바다에서 표류한 일
도 있습니다.(고린토후 11:13, 11:21~25).

바울로는 꼬박 24시간을 바다에 떠다니면서도 목숨을 부지했다. 요
나가 겪은 고난의 삼분의 일에 해당하는 분량이다. 여기서 바울로는
베드로를 비롯한 다른 사도들에 대한 저열한 질투심을 그대로 표출하
고 있으며, 그들보다 더 많은 죄를 범하고 더 많이 매질을 당했다는 것
으로 우쭐해하는 그의 태도가 명백히 드러나 있다.

고린토인에게 쓴 편지 중 이 대목에서도 남들 위에 군림하고 싶어
하는 열망이 그의 오만불손한 태도와 함께 잘 나타나 있다.

나는 지금 세 번째로 여러분을 방문하려고 합니다. '어떤 사건이든지 그것
을 확인하는 데는 두 사람이나 세 사람의 증언을 필요로 한다'는 말씀이

있습니다. 내가 두 번째로 여러분을 방문했을 때에 전에 죄를 지은 자들과 그 밖의 모든 사람에게 경고해 둔 바 있었지만 지금 떨어져 있으면서 또다시 경고합니다. 내가 이번에 다시 가면 그런 자들을 단 한 사람도 그냥 두지 않을 것입니다.(고린토후 13:1~2)

천한 하층민들 중에서도 도대체 어느 우매한 자들에게, 어떤 바보들에게 마치 폭군처럼 고압적인 어투로 글을 썼을까? 대체 어떤 자들에게 자기가 세 번째 하늘로 이끌려 올라갔다왔다고 감히 말할 수 있었을까? 비열하고 파렴치한 사기꾼이 아니라면 결코 할 수 없는 일이다! 그대가 다녀왔다는 세 번째 하늘은 대체 어디에 있는가? 금성에 있는가? 화성에 있는가?

무함마드가 하룻밤 동안 일곱 하늘을 차례로 방문했다는 무슬림 신학자들의 주장을 들었을 때, 우리는 얼마나 비웃었는가! 그런데 무함마드는 적어도 코란에서 그렇게 황당무계한 이야기를 하지 않았다. 바울로는 대담하게도, 무함마드가 겪었다는 모험의 거의 절반을 해냈다고 자기 입으로 떠벌이고 있지 않는가!

그렇다면 아직까지도 세상을 시끄럽게 하고 지금도 날마다 여기저기서 무분별하게 인용되는 바울로는 어떤 인물이었을까? 바울로는 자신이 로마 시민이라고 말했다. 하지만 그가 뻔뻔스럽게 거짓말을 했다고 필자는 자신 있게 말할 수 있다. 유대인은 필리푸스 황제와 데키우스 황제 시대에 이르러서야 비로소 로마 시민이 되었다.[19] 그가 타르수

---

19 두 황제의 재위기간은 필리푸스 244~249년, 데키우스는 249~251년이었다.

스 출신이라면, 타르수스는 바울로가 죽은 지 100여 년이 지난 뒤에야 로마의 식민지, 로마의 도시가 되었다. 히에로니무스가 말한 대로 그가 길스칼레Giscale[20] 출신이라면, 그 마을은 갈릴리 지방에 있었으며, 갈릴리인은 결코 로마 시민이 되는 영예를 누린 적이 없다.

바울로는 가믈리엘 밑에서 성장했다. 다시 말해 그는 가믈리엘의 하인이었다. 스테파노를 돌을 던져 살해한 자들의 외투를 그가 들고 있었다고 하는데, 이는 형 집행자의 하인이 담당하던 일이었다. 유대인들의 주장에 따르면, 바울로는 가말리엘의 딸과 결혼하고 싶어 했다. 성녀 테클라 이야기가 수록된 고문서에 이에 대한 몇 가지 단서가 있다. 가믈리엘의 딸이 매부리코 위에 양쪽 눈썹이 이어져 있었고 두다리마저 심하게 휜, 대머리의 비천한 하인에게 호감을 갖지 않았다는 것은 놀랄 일도 아니다. 이는 『바울로와 테클라 행전Acts of Paul and Thecla』[21]에서 묘사된 바울로의 모습이다.

가믈리엘과 그의 딸에게 멸시당한 바울로는(필자가 보기에는 그들을 탓할 처지가 못 되는 것 같지만, 어쨌든) 유대인 사회에 분란을 일으킬 목적으로 게파, 야고보, 마태오, 바르나바, 이런 자들이 주도하는 신생 종파

---

20 갈릴리의 한 지역인 구시 할라브(Gush Halav)

21 신약의 외경 중 하나로 2세기 문헌이다. 내용은 테클라라는 여인이 바울로의 설교를 들은 후에 약혼자와 집을 버려둔 채 이곳저곳을 다니며 복음을 전하지만, 전통적인 규범을 따르지 않았다는 죄로 로마 당국에 처형당한다는 것이다. 『그리스도 교회 옥스퍼드 사전(Oxford Dictionary of the Christian Church)』(1997)에 따르면 "그 행전은 어느 정도 역사적 사실을 담고 있을 개연성이 있다"고 한다. 이 책은 기록된 후 수세기 동안 사람들에게 널리 인정을 받았으며, 그리스어 사본도 80개나 있고 다른 언어들로 된 번역본들도 존재한다.

에 가담했다.

약간의 분별력을 가진 사람이라면 누구나 그 가련한 유대인이 변절하게 된 까닭을 이렇게 설명하는 게 더 타당하다고 판단할 것이다.

길을 가다가 오정 때쯤에 다마스쿠스 가까이에 이르렀을 때에 갑자기 하늘에서 찬란한 빛이 나타나 내 주위에 두루 비쳤습니다.
내가 땅에 거꾸러지자 '사울아, 사울아, 네가 왜 나를 박해하느냐?' 하는 음성이 들려왔습니다.(사도행전 22:6~7)

이러한 유치한 말장난에 얼굴이 화끈거릴 정도다!

하느님께서 진정으로 예수의 제자들이 박해받는 것을 막고 싶었다면, 가믈리엘의 비천한 하인이 아니라 그 나라의 최고 권력자들에게 호소했어야 하지 않는가? 사울이 말에서 떨어진 뒤에 과연 박해가 사라졌는가? 사울 본인이 박해를 받지 않는가? 그렇다면 그 우스꽝스러운 이적은 무슨 소용이란 말인가? 필자는 하늘과 땅을 증인 삼아 단언하건대, 이보다 더 비이성적이고 광신적이고 불쾌하고, 이보다 더 혐오와 경멸을 받아 마땅한 설화는 찾아보기도 어려울 것이다.

13장

복음서

베스파시아누스 황제가 죽은 지[22] 얼마 후에 예루살렘, 안티오크, 에페소스, 고린토, 알렉산드리아의 하층민 사회에서 유대인이면서 그리스도교인들로 이루어진 단체들이 서서히 자리를 잡아갔으며, 이 작은 집단들은 각자 자기들만의 복음서를 만들고 싶어 했다. 모두 54개의 복음서가 있었다고 하는데, 실제로는 훨씬 더 많은 수의 복음서가 있었으리라고 추정된다.

우리 모두 잘 알고 있다시피 이 복음서들은 제각각이었다. 작성된 장소는 모두 달랐는데, 어찌 보면 당연한 일이었다. 일치되는 것은 단한 가지, 곧 예수가 마리아 혹은 미르야의 아들이고 처형당했다는 점

---

22 베스파시아누스(9~79)는 로마제국의 아홉 번째 황제로 재위기간은 69~79년이었다.

뿐이었다. 또 한 가지가 더 있다면, 예수가 오비디우스[23]의 『변신이야기』에서 언급되는 것만큼이나 많은 이적을 행하였다고 주장하는 것도 공통적이다.

루가가 기록한 예수의 족보는 마태오가 만든 것과 전혀 다르다. 게다가 둘 다 마리아의 족보는 만들 생각조차 하지 않았다. 마리아 혼자서 예수를 낳았는데도 말이다. 이에 대해 열광적인 신도 파스칼은 "합의할 수 있는 문제가 아니다"라고 소리 높여 말했다. 당연한 말씀이다! 각자가 자신이 속한 보잘것없는 단체를 위한답시고 제멋대로 황당무계한 이야기들을 꾸며냈을 테니 말이다.

어느 복음서 저자는 어린 예수가 이집트에서 성장했다고 주장했으며, 또 다른 저자는 예수가 베들레헴에서 어린 시절을 보냈으며 예루살렘에는 딱 한 번 다녀왔다고 말했다. 그런데 다른 저자는 예루살렘에 세 번이나 갔다 왔다고 주장한다. 어느 복음서 저자는 동방박사 세 사람이 새로운 별에 이끌려 아기 예수를 찾아왔으며, 헤로데 1세가 인생의 끝 무렵에 내린 명령으로 온 나라의 영아들이 모두 학살당했다고 말했다. 하지만 다른 저자는 별과 동방박사, 영아 학살에 관해 아무 말이 없다.

이처럼 많은 모순점들을 설명하기 위해 합의를 이끌어내려고 애썼지만 뜻을 이루지는 못했다. 그래서 복음서들은 제각각 소집단 내에서만

---

23 오비디우스(Publius Ovidius Naso, 기원전 43~기원후 17) 로마제국 시대의 시인. 즐거움을 노래하는 연애시로 유명하며 호라티우스와 더불어 로마 문학의 황금시대를 열었다. 그의 『변신이야기』는 변신을 주제로 하여, 세계의 탄생에서 시작해 로물루스가 로마를 건국할 때까지의 수많은 그리스 로마 신화를 다루고 있는 서사시다.

유통되었다. 복음서들 중 대다수가 틀림없이 예루살렘 함락(서기 80) 이후에 제작되었으리라고 추정되는데, 이에 대한 명백한 증거를 마태오가 썼다는 복음서에서 찾아볼 수 있다. 이 책에서 예수는 유대교도들을 향해 이렇게 말한다.

> 그래서 마침내 무죄한 아벨의 피로부터 성소와 제단 사이에서 살해된 바라키야의 아들 즈가리야의 피에 이르기까지 땅에서 흘린 모든 무죄한 피값이 너희에게 돌아갈 것이다.(마태오 23:35)

복음서 위작자들은 곳곳에서 그 정체를 드러낸다. 예루살렘이 포위되었을 때, 바카리야의 아들 즈가리야는 과격파 일당에 의해 성소와 제단 사이에서 살해되었다. 이처럼 날조의 흔적은 곳곳에서 쉽게 발견된다. 하지만 그것을 찾아내기 위해서는 성서 전권을 다 읽어야 한다. 그리스인과 로마인들은 성서를 거의 읽지 않았다. 그런 까닭에 복음서에 나오는 황당무계한 이야기들을 알 리가 없었다. 그런 자들을 상대로 아무렇지도 않게, 그리고 아무 탈 없이 거짓말을 할 수 있었던 것이다.

마태오가 썼다는 복음서가 실제로는 마태오가 죽은 지 꽤 오랜 세월이 흐른 뒤에 유대인이면서 그리스도교를 믿고 그리스어를 사용하는 삼류작가 몇 사람이 공동 제작했다는 명백한 증거가 있다. 그게 바로 이 유명한 대목이다.

그래도 그들의 말을 듣지 않거든 교회에 알리고 교회의 말조차 듣지 않거

든 그를 이방인이나 세리처럼 여겨라.(마태오 18:17)

    예수나 마태오 시대에는 교회라는 게 없었다. '교회'라는 말은 본래 그리스어였다. 옛날에 아테네의 시민 의회를 가리켜 "에클레시아_ecclesia_"라고 불렀다. 세월이 흘러 그리스도교인들이 초보적인 통치 체제를 갖게 되었을 때, 이 표현을 받아들여 사용했다. 따라서 어느 위작자가 매우 조악한 그리스어로 복음서를 쓰면서 마태오의 이름을 도용했던 것 같다.

    세리였던 마태오가 이교도를 세리와 비교했다는 것도 좀 우습지 않은가! 글을 쓴 자가 누구이건 간에, 정부가 부과한 세금을 징수하는 일을 책임진 로마의 기사 계급 시민을 추악한 자로 여기는 하층민 출신의 비열하고 경박스러운 자였다는 사실만은 분명하다. 이는 체제 전복적인 사고이며, 하느님으로부터 영감을 받은 자이기는커녕, 정직한 시민의 하인보다도 못한 자임에 틀림없다.

    예수의 어린 시절에 관한 복음서는 두 가지가 있다. 첫 번째 복음서에는 어느 거렁뱅이 아이가 같이 놀던 어린 예수의 엉덩이를 때리자, 어린 예수가 그 아이를 즉사시켰다는 이야기가 있다.[24] 어린 예수가 진흙으로 작은 새들을 만들자, 새들이 곧 하늘로 날아올랐다는 이야기도 있다. 어린 예수가 글자를 익히는 과정은 신기에 가깝다. 이 이야기들은 어른이 된 예수가 악마에게 이끌려 높은 곳에 올라갔다는 이야

---

24 예수의 어린 시절은 루가복음 2장의 기록이 거의 유일하다. 그 외의 이야기들은 외경을 통해 전해진 것일 가능성이 높다. 본문의 내용도 성서에는 없는 것이다.

기, 타보르 산에서의 변신, 물을 포도주로 바꿔놓았다는 일화, 악마를 돼지 떼에게로 쫓아냈다는 이야기 못지않게 우스꽝스럽다. 유년기 복음서 역시 오랫동안 신도들에게 숭배와 공경을 받았다.

두 번째 유년기 복음서도 그에 못지않게 흥미롭다. 마리아는 아들을 데리고 이집트로 가던 중, 수노새로 변해버린 형제 때문에 슬퍼하는 여인들과 마주치게 되었다. 마리아와 어린 예수는 수노새가 사람의 모습으로 되돌아갈 수 있도록 도움을 주었다. 졸지에 노새가 돼버렸던 그 가련한 자가 진정으로 바라던 것이었는지는 알 수 없지만 말이다.

다시 길을 가던 도중에 성가족은 두마쿠스와 티투스라는 이름을 가진 두 명의 강도를 만난다. 두마쿠스는 마리아가 갖고 있던 재물을 빼앗고 그녀를 해치려 했다. 티투스는 마리아 편에 서서, 두마쿠스에게 돈 40드라크마를 주며 그들을 해치지 말고 그냥 보내주라고 당부한다. 이 광경을 지켜본 어린 예수는 "두마쿠스는 나쁜 도둑이 되고, 티투스는 좋은 도둑이 되어 훗날 자신과 함께 십자가에 매달릴 것이며, 티투스는 천국에 두마쿠스는 온갖 악마가 우글대는 곳으로 떨어질 것"이라고 어머니에게 말했다.

테르툴리아누스[25]와 오리게네스가 인정하고 찬양했다는 복음서, 곧 예수의 형인 성 야고보 혹은 베드로 바르요나(요한의 아들 베드로) 복음

---

25 테르툴리아누스(Tertullianus, 155?~240?) 초기 그리스도교의 교부이자, 평신도 신학자. 그리스도교 신자들의 순교에 감동하여 개종하였다고 전해진다. 그리스도교를 지키기 위해 온 힘을 다했으나 엄격한 성격 탓에 몬타누스파의 이단으로 기울어졌다. 신학에 관한 많은 책을 썼으며, "불합리하기 때문에 나는 믿는다"는 유명한 말을 남겼다. 삼위일체라는 신학 용어를 가장 먼저 사용한 이로도 알려져 있다. 『호교서(Apologeticum)』(197)와 『영혼의 증명에 대하여(Detestimonio animae)』 등을 썼다.

서는 오랫동안 권장도서 일순위라는 영예를 누렸다. 이 책을 가리켜 원복음서 혹은 제1복음서라 불렀다. 새로운 별, 동방박사의 도래, 헤로데 1세의 명령으로 자행된 영아 학살, 이런 이야기들이 처음으로 언급된 것도 아마도 이 책에서였을 것이다.

그리고 복음서의 한 종류로 보아도 좋을 『요한행전』[26]이라는 책이 있다. 여기서는 예수가 죽기 전날 밤에 사도들과 춤을 추었다는 이야기가 수록되어 있다. 실제로 '정신치료사' 집단이 성부 하느님을 기쁘게 해드리려고 원무를 추는 관습이 있었으므로 사실일 가능성도 충분하다.

무슨 까닭으로, 오늘날 신중하고 세심한 그리스도교 신자들은 정경으로 채택되지 못한 그 모든 복음서와 행전들을 아무런 양심의 가책 없이 비웃는가? 교회가 채택한 것들을 비웃을 만큼의 용기는 없단 말인가? 모두가 엇비슷한 이야기들이 아닌가? 지극히 우스꽝스럽게 보이는 것도 제목을 바꿔달기만 하면, 광신자들에게는 순식간에 숭배 대상이 되는 것 같다.

우여곡절 끝에 드디어 4대 복음서가 선정되었다. 성 이레네우스[27]는 세상에는 동서남북이라는 네 개의 방위가 존재하므로 네 개의 복음서

---

26 신약 외경 중 가장 초기의 행전류로 추정되는 작품으로, 내용이 꽤나 모호한 것으로 알려져 있다.

27 이레네우스(Irenaeus, 130?~202) 로마제국의 영토였던 갈리아 지방 루그두눔(오늘날의 프랑스 리옹)의 주교이자 초대교회 신학사상을 구축한 교부이다. 그노시스파와의 논쟁을 통해 그리스도의 구원을 역설, 신학의 성립과 발전에 지대한 역할을 하였다.

를 선택했노라고 설명했다. 또한 하느님께서 케루빔들 위에 앉아 계시는데, 이 케루빔들이 네 가지 형태를 지녔다는 설명을 덧붙였다. 성 히에로니무스는 마르코 복음서에 붙인 서문에서 네 개의 방위, 네 가지 동물뿐만 아니라, 궤라 불리는 상자를 운반하는 긴 막대기에 네 개의 걸쇠 고리가 걸려 있었다는 점을 지적했다.

안티오키아의 테오필루스[28]는 라자로가 나흘 동안 죽어 있었기 때문에 네 개의 복음서를 채택했다고 주장했다. 성 키프리아누스[29]는 네 개의 강이 지상의 천국에 물을 공급한다는 점을 근거로 제시했다. 이러한 설명을 납득하지 못한다면 '불신앙'한다는 평판을 들을 수밖에 없는 것이다.

그러나 4대복음서가 채택되기 이전에, 그리스도교 초기 두 세기 동안 교부들은 오늘날 외경이라 부르는 복음서들을 주로 인용했다. 이는 우리의 4대복음서가 복음서 저자들로 알려진 자들(마태오, 마르코, 루가, 요한)의 작품이 아니라는 확실한 증거가 된다.

필자는 개인적으로 그들이 실제 복음서 저자였기를 바란다. 예를 들어, 루가가 루가 복음서라 불리는 그 책의 실제 저자였으면 좋겠다.

---

28 테오필루스(Theophilus, 120?~180/191?) 소아시아 안티오키아의 주교이자 교부. 그리스도교 신앙을 공격하기 위해 성경을 연구하다가 그리스도교로 개종한 인물로서, 많은 그리스도교적 저서와 호교론적인 작품을 저술하였다. 요한복음에 나오는 로고스(Logos) 교리를 개발한 인물로 알려져 있다.

29 키프리아누스(Thascius Caecilius Cyprianus, 200?~258) 카르타고에서 태어나 웅변술의 스승으로 유명했다. 246년 그리스도교로 개종하고 주교가 되었다. 사도 베드로가 로마 교회의 제1대 주교라고 주장하는 등 교회 통일과 제도 등에 큰 영향을 끼쳤다. 로마 황제 발레리아누스의 박해로 순교하였으며, 교회론과 관련된 저작을 남겼다.

만일 그렇다면, 루가에게 직접 질문을 던질 수도 있으니 말이다.

예수가 탄생한 지 10여 년이 지난 뒤에 키리니우스가 시리아 총독으로 부임했다는 게 사실로 밝혀졌는데, 어떻게 그대는 감히 예수가 키리니우스 총독 시대에 태어났다고 말할 수 있는가? 아우구스투스 황제가 온 천하에 호적령을 내렸으며, 마리아가 호적에 등록하기 위해 베들레헴으로 갔다는 말을 어떻게 하면 그렇게 뻔뻔하게 할 수 있었는가? 온 천하에 호적령이라니! 과장도 너무 심하지 않은가? 그대는 아우구스투스 황제에게 로마제국의 병력과 재정 상태를 낱낱이 기록한 장부책이 있었다고 들어본 적이 있는가? 그런데도 제국의 모든 백성에 대한 인구 조사라니! 아우구스투스 황제가 이에 대한 생각인들 해본 적이 있었을까? 게다가 온 천하의 인구 조사라니! 로마인 저술가, 그리스인 저술가, 그 밖의 이민족 출신 저술가들 중에서 누구도 그런 황당무계한 발언을 한 적이 없다. 그렇게 엄청난 거짓말을 그대는 조금도 믿어 의심치 않는 것처럼 보인다. 그런데도 그대가 쓴 책을 우리가 존중해야겠는가?

그렇다면 누가 그 4대복음서를 작성했을까? 이들 복음서에서 구약성서를 인용하는 경우, 그 당시 유대 지방에서는 알려지지 않았던 판본인 『70인역 성서』[30]만을 참조하고 있다는 점에서 그리스어를 사용

---

30 현재 전하는 가장 오래된 그리스어역 구약성서. 72명의 학자가 이 번역사업에 종사했다는 전설에 따라 붙여진 이름이다. 본래는 헤브라이어 원전의 '율법' 부분을 가리키는데 초대 그리스도 교회에서는 여기에다 예언서와 제서의 번역까지 포함시켜서 약기호로 'LXX'라 불렀다. 이집트의 알렉산드리아에서 번역하였으며, 이 지역의 디아스포라·유대인들의 요구에 따라 처음에는 기원전 3세기 중엽에 모세오경이 번역되었고, 그 뒤 약 100년 사이에 현재 정경의 거의 전부가 번역되었다. 성서 연구는

하는 그리스도교인이 썼다고 보는 게 가장 타당하지 않을까? 예수가 그러했듯이 사도들은 그리스어를 전혀 알지 못했다. 그런데 어떻게 사도들이 『70인역 성서』를 인용할 수 있었겠는가? 오순절의 이적이라도 일어나 무지한 유대인들에게 그리스어를 가르쳐주었단 말인가?

얼마나 많은 모순점과 거짓이 4대복음서를 가득 채우고 있는지! 모순점이나 거짓이 단 한 개 존재하는 것만으로도, 그 책들이 암흑과 무지몽매의 책이라는 사실을 증명하는 데 충분하지 않은가? 아우구스투스 황제가 전 로마제국을 대상으로 인구 조사를 명했을 때, 그리고 키리니우스 총독 시대에 예수가 태어났다는 루가 복음서의 일화 한편, 이러한 거짓 진술 한 가지만으로도 우리가 경멸하는 태도로 책을 내던져버릴 만한 충분한 사유가 되지 않겠는가? 첫째, 그 정도 대규모의 인구 조사를 실시한 바가 전혀 없으며, 이에 대해 언급한 저술가는 아무도 없다. 둘째, 키리니우스는 예수가 탄생한 지 10여 년이 지난 뒤에 시리아 총독이 되었다. 이처럼 복음서들은 온통 무의미한 발언과 오류들로 가득하다. 그런데 이런 점이 오히려 대중들에게는 잘 먹혀들었다.

물론 언어학상으로도 중요한 자료인데, 신약성서의 문체와 사상을 연구하는 데 특히 귀중한 자료다.

14장

초기 그리스도교인들은 로마인을 어떻게 대했을까? 그리고 어떻게 그들은 시빌라의 예언(탁선)을 위조해냈을까?

인간의 이성을 모욕하는 황당무계한 이야기, 신을 모독하는 불경한 내용, 이런 것들의 집합체인 복음서가 어떻게 대중들의 신뢰를 얻을 수 있었는지, 약간의 양식을 가진 사람이라면 누구나 의구심이 들 것이다. 광신적인 초기 그리스도교인들이 로마 황제의 궁정 대신들이나 원로원 의원들을 설득하는 데 성공했다고 말한다면, 틀림없이 아무도 믿지 않을 것이다. 그 비천하고 무지한 자들이 표적으로 삼은 것은 그들 못지않게 비천한 로마의 하층민이었다. 실제로 율리아누스 황제는 그리스교인을 향한 담화에서 이렇게 말했다.

처음에 그대들은 몇몇 하녀, 코르넬리우스[31]나 세르기우스 같은 형편없

---

31 그리스도교로 개종한 로마 백인대장

는 자들을 꾀어내는 것으로 만족했다. 티베리우스 황제와 클라우드 황제 시대에 그대들의 종교를 신봉하던 자들 중에서 귀족 출신이나 자수성가한 자가 단 한 사람이라도 있다면, 나를 가장 몰염치한 사기꾼이라고 불러도 좋다.

초기 그리스도교 논쟁가들은 사람들의 왕래가 빈번한 네거리나 주막집에서 역시 논쟁을 즐기던 이교도들과 논쟁을 벌였다.

"우리의 신비한 교리에 지레 겁먹을 필요가 없습니다. 여러분이 저지른 죄를 씻으려면 속죄하면 됩니다. 우리의 속죄는 매우 유익합니다. 여러분의 신탁은 우리의 신탁보다 못합니다. 우리 종교가 이 세상에 단 하나밖에 없는 훌륭한 종교라는 것을 여러분에게 납득시키기 위해 이렇게 말씀드리겠습니다. 여러분의 신탁은 우리가 여러분에게 가르치는 모든 것, 우리 주 예수 그리스도께서 행하셨던 모든 것을 이미 예고했습니다. 시빌라(무녀)에 대해 들어본 적이 있겠죠?"
(이교 논쟁가들이 갈릴리 논쟁가들에게 대답했다.)
"예, 그렇습니다. 무녀들은 모두 주피터에게 영감을 받았지요. 따라서 무녀들의 예언은 진실일 수밖에 없습니다."
(갈릴리인들이 대답했다.)
"좋습니다. 그럼, 저희들은 예수 그리스도를 명백히 예고한 무녀들의 예언 문구를 보여드리지요. 여러분은 반드시 저희들의 말에 수긍할 것입니다."

그리스도교 논쟁가들은 그 즉시 런던의 그럽 스트리트에서 활동하는 삼류작가들, 혹은 블랙모어[32]나 깁슨[33]의 작품들과도 유사한, 역사상 최악의 그리스어 운문을 써내는 작업에 착수했다. 그러고는 시빌라의 예언[34]이라고 주장했다. 그로부터 400여 년 동안 초기 그리스도교인들은, 속이는 자와 속는 자들의 수준에 딱 들어맞는 날조된 시빌라의 예언을 기반으로 하여 그리스도교를 완성시켜나갔다. 그 유치한 위작자들은 심지어 예수 그리스도라는 이름을 구성하는 철자들로 각 행의 첫 마디를 시작하는 이합체(아크로스틱) 시들까지 시빌라의 것이라는 터무니없는 주장을 했다.

락탄티우스[35]는 이렇게 제작된 시빌라의 예언 가운데 상당 부분을 진짜 시빌라의 예언으로 여겼다. 위작자들은 시빌라 예언이라는 황당

---

32 블랙모어(Richard Blackmore, 1654~1729) 영국의 작가

33 깁슨(Edmond Gibson, 1669~1748) 영국의 문헌학자

34 시빌라는, 고대 그리스 로마 신화에서 신이 가사 상태로 아폴론의 신탁을 전했다고 하는 무녀의 호칭이다. 이후 시빌라는 무녀 혹은 여성 예언자의 대명사로 일반화되었다. 그녀가 썼다는 『시빌라의 탁선』은 구약성서 위경 및 신약성서 외경에 들어 있는 책명이다. 이란에서 유래하며 고대 그리스 로마에서 존중되었던 예언자 시빌라의 탁선을 흉내 낸 위서다. 호메로스풍 육각운으로 기록되어 있다. 기원전 2세기 이후 이집트를 중심으로 한 디아스포라 유대인과 기원후 2세기 중엽부터 3세기 초에 걸쳐서 그리스도 교도에 의해서 창작, 편집, 가필이 이루어졌다. 3~5권은 유대교 부분, 6~8권은 그리스도교 부분, 1~2권은 유대교 문서에 대한 그리스도교적 가필. 사후 예언을 포함한 세계사의 서술, 종말시의 두려운 심판의 묘사, 우상숭배와 이집트, 시리아, 로마 각국에 대한 격렬한 공격, 유일신 신앙의 강조 등이 포함되어 있다.

35 락탄티우스(Lactantius, 240?~320?) 초기 그리스도교의 신학자이자 저술가, 호교론자. 북아프리카 누미디아 지방 출생으로, 니코메디아에서 수사학을 배우고 300년경 그리스도교로 개종하였다. 그리스도교 박해가 시작되자 신학 저술에 전념하였다. '밀라노 칙령'으로 그리스도교가 공인될 무렵 콘스탄티누스 1세의 초빙을 받고 트리어로 가서 궁정신학자가 되었다.

무계한 이야기에 자신들이 공개적으로 행한 이적 이야기를 덧붙였다. 사실 그들은 엘리제처럼 죽은 자를 소생시키거나, 여호수아처럼 태양의 운행을 멈추게 하거나, 모세처럼 발에 물 한 방울 묻히지 않고 바다를 건너거나, 예수처럼 악마에 의해 순식간에 갈릴리의 언덕 꼭대기에 올라서서 온 세상을 조망하지는 못했다. 하지만 그들은 회복기에 접어든 열병 환자를 낫게 하고, 목욕, 사혈, 하제 복용, 전신 마찰, 이런 방법을 동원하여 옴환자를 치료했다. 그들은 특히 악마 퇴치에 능했다. 악마 퇴치는 사도들에게 부여된 중요한 사명 가운데 하나였다. 예수가 악마 퇴치를 위하여 일부러 사도들을 파견했다는 이야기가 여러 복음서에 나온다.

악마 퇴치는 하느님의 백성이 오래 전부터 갖고 있었던 특권이었다. 모두가 알고 있다시피, 예루살렘에는 바라스barath라는 식물의 뿌리를 찧어 만든 고약을 코 밑에 올려놓거나 솔로몬의 저작물로 알려진『클라비쿨라 살로모니스Clavicula Salomonis』[36]라는 마법서에 나오는 몇 마디 말을 중얼거림으로써 마귀 들린 자를 치료하는 퇴마사들이 있었다. 유대인에게 그런 능력이 있다고 예수 자신이 직접 고백한 바 있다. 하지만 돈 몇 푼을 대가로 거렁뱅이의 몸에 악마를 들여보내는 것만큼 쉬운 일이 있을까? 당시 유대인이나 갈릴리인 퇴마사가 단돈 1기니를 받고 하루에 악마 열 마리를 쫓아내는 것쯤은 식은 죽 먹기였다.

---

36 책 제목을 번역하면『솔로몬 왕의 작은 열쇠』다. 솔로몬이 지었다고 하지만 실제로는 17세기 중반에 만들어진 편저자 미상의 악마학 마도서다. 15세기경 작성된 자료들을 모아 편집하는 식으로 만들어졌다. 총 다섯 권 한 책으로 구성되어 있다.

하지만 악마가 속주의 총독이나 원로원 의원, 심지어 백인대장에게 들어가는 법은 없었다. 악마에 쉽게 들리는 자, 아니면 악마 따위는 절대로 범접하지 못하는 자, 이 두 부류만 존재할 뿐이었다.

악마에게 들려야 하는 자가 있었다면, 그것은 빌라도였다. 하지만 악마는 빌라도에게 감히 접근하지 못했다. 영국의 하층민 사회에도 오랫동안 악마 퇴치 관행이 있었으며, 유럽의 다른 지역에서는 더욱 성행했다. 그리스도교가 이 관행 덕분에 자리를 잡을 수 있었다고 해도, 로마 교황의 영향권에 속한 나라들이나 불행히도 아직까지 주교나 수도사들의 관할 아래 있는 독일의 몇몇 낙후된 지역을 제외하면 퇴마 관행은 거의 모든 곳에서 사라졌다.

유럽 각국의 위정자들이 잘 한 일들 중 하나는 그리스도교의 초기 관행들을 모두 폐지했다는 것이다. 남자 사제가 주재하는 세례식에서 성인 여자를 알몸인 채로 욕조에 들어가게 하던 관습, 죽은 자를 대상으로 하는 혐오스러운 세례식, 악마 퇴치, 마귀 들림, 계시, 온갖 음행이 자행되던 애찬愛餐(아가페), 이 모든 것들은 사라졌지만, 그리스도교는 그대로 남아 있다.

이렇게 하여 그리스도교인들은 그리스도교의 초기 100년 동안에 로마의 하층민 사회에서 확고히 자리 잡았다. 이들을 견제하거나 저지하는 사람은 아무도 없었다. 그리스도교인들은 유대인의 일파로 간주되었으며, 그 사회에서 유대인들은 용인되었다. 바리사이파, 사두가이파, '정신 치료사' 집단, 에세네파, 유다파는 박해를 받지 않았다. 이런 상황에서 그 존재에 대해 거의 알려진 바 없는 그리스도교인들은 아무도 모르는 새에 사회 깊숙이 퍼져나갈 수 있었다. 이들이 너무도 보잘것없는 존재들이었던 까닭에 플라비우스 요세푸스도 필론도 플루타르크[37]도 이들에 대해 전혀 언급하지 않았다. 단 한 사람 타키투스[38]가 한 마디 언급한 적이 있는데, 그는 이들을 유대교도인 일반 유대인과 구태여 구분하지 않으면서 하찮은 자들로 폄하했다. 따라서 그리스도교인들은 매우 수월하게 그리스도교를 널리 확산시킬 수 있었다.

도미티아누스 황제 시대에 그들은 약간 요주의 대상이 된 적이 있으며, 트라야누스 시대에는 몇몇 사람이 처벌을 받기도 했다.[39] 그런데 바로 이때부터, 그리스도교인들은 얼마 안 되는 실제 박해 사례에 거짓으로 지어낸 수백 가지 순교 행위를 뒤섞어놓기 시작했다.

---

37 플루타르크(Plutarch, 46~120) 고대 그리스의 철학자, 정치가, 작가. 로마에서 철학을 강의하고 관직에도 있었으나 귀국하여 많은 전기 작품을 썼다. 그중 특히 유명한 것이 『영웅전(Bioi Paralleloi)』이다. 이 영웅전은 고대 그리스와 로마 공화정 및 로마제국의 널리 알려진 인물들에 대한 위인전으로, 저자는 이 책에서 도덕적인 가치와 실패를 훌륭하게 대비하고 있다.

38 타키투스(Tacitus, 56~117) 고대 로마의 역사가. 호민관·재무관·법무관을 거쳐 콘술을 지냈고 아시아주의 총독을 맡았다. 제정을 비판한 역사서를 저술하였다. 저 유명한 『역사(Historiae)』를 지었다.

39 도미티아누스 황제와 트라야누스 황제의 재위 기간은 각각 81~96년, 98~117년이었다.

광신의 무덤

15장

그리스도교인들은 유대교를 어떻게 대했을까?
예언자들에 대한 황당무계한 설명

그리스도교인들은 이방인 하층민에게 그랬던 것처럼 유대교도 앞에서 우월하다고 감히 자부할 수 없었다. 그리스도교인들은 예수가 평생 동안 그랬던 것처럼 모세 율법에 따라 살아가고, 불순한 것으로 규정된 짐승의 고기를 먹지 않았으며, 할례를 금지하지 않았던 까닭에, 사두가이파, 에세네파, '정신 치료사' 집단과 마찬가지로 유대인의 '어느 특정 집단'으로 간주되었음은 당연하다. 하지만 그들은 유대인이 예수를 처형한 것은 잘못이며, 예수는 하느님이 보낸 신성한 존재로서 죽은 다음에 되살아났다고 주장했다. 이런 말을 하는 자는 당연히 예루살렘에서는 처벌을 받았다. 그들의 말에 따르면, 스테파노는 그런 이유로 목숨을 잃었다.

그러나 예루살렘을 제외한 다른 곳에서는 정통파 유대인과 그리스도교를 믿는 유대인 사이에 언쟁이 벌어지는 정도였다. 그들은 자주 언쟁을 벌였다. 그리스도교인들은 성서 구절을 자기들에게 유리하도록 제멋대로 곡해하여 인용했다. 그들은 유대 예언자들이 예수 그리스도를 예고했다고 주장하면서, 아하즈 왕에게 말하는 이사야를 인용했다.

그런즉, 주께서 몸소 징조를 보여주시리니, 처녀가 잉태하여 아들을 낳고 그 이름을 임마누엘이라 하리라. 그 아기가 나쁜 것을 버리고 좋은 것을 택할 줄 알게 될 때는 양젖과 꿀을 먹게 될 것이요, 그 아기가 나쁜 것을 버리고 좋은 것을 택할 줄 알게 되기 전에 네가 원수로 여겨 두려워하는 저 두 왕의 땅은 황무지가 되리라. …… 그날에 야훼께서 휘파람으로 나일 강 하류 개천에서 파리떼를 불러오시고 아시리아 땅에서 벌떼를 불러오시리라. 모두들 몰려와서 험한 계곡, 바위 틈바구니, 온갖 가시덤불, 물 있는 모든 목장에 내려앉으리라. 그날에 주께서 강 건너 이발사 아시리아 왕을 고용하시어 머리털과 거웃을 밀고 수염도 깎게 하시리라.(이사야 7:14~20)

야훼께서 나에게 분부하셨다. '너는 큰 판을 가져다 거기에 누구나 알아볼 수 있는 글씨로 마헤르 샬랄 하스 바스(빨리 전리품을 취하거라)라고 새겨라.' …… 그리고 내가 여예언자를 가까이하였더니 그가 임신하여 아들을 낳았다. 야훼께서 나에게 분부하셨다. '이 아기의 이름을 마헤르 샬랄 하스 바스(빨리 전리품을 취하거라)라 하여라. 이 아기가 아빠 엄마라 부를 줄 알기도 전에 사람들이 다마스쿠스의 보화와 사마리아에서 빼앗은 전리품을 아시리아 왕에게 가져다 바치리라.'(이사야 8:1~4)

그리스도교인들이 말했다.

잘 보시오. 이 모든 게 예수 그리스도께서 오심을 뜻한다는 것은 아주 명백합니다. 아이를 낳은 처녀는 동정녀 마리아이고, 임마누엘, 마헤르 샬랄 하스 바스는 우리의 주 예수를 가리킵니다. 앗시리아 왕의 거웃을 밀었다는 빌린 면도기, 이것은 다른 문제입니다.

이 해설은 우리의 친애하는 사제장 스위프트의 작품 「통 이야기」에 나오는 등장인물 피터 경의 장광설을 연상케 한다.
유대교도들이 이에 응답했다.

마헤르 샬랄 하스 바스, 임마누엘이 예수를 뜻하고, 이사야가 말한 젊은 여인이 동정녀이고, 처녀 혹은 젊은 여인을 뜻하는 알마가 마리아를 가리킨다는 그대들의 주장은 전혀 납득이 가지 않습니다.

이렇게 말하면서 그리스도교인들을 비웃었다.
그리스도교인들이 "족장 유다가 나귀를 포도나무에 매고 외투를 포도즙에 빨았으므로 예수는 족장 유다에 의해 예고되었다. 예수는 나귀를 타고 예루살렘으로 들어왔다. 그러므로 유다는 예수의 예표다"라고 말하자, 유대교도들은 예수와 나귀 이야기에 조소를 금치 못했다.
그리스도교인들이 예수는 홀笏이 유대에 없을 때 반드시 오실 것이라고 주장하자, 유대교도들은 바빌론 유배 시대 이래로 홀이든 다리

사이의 막대기든 유대에 존재해본 적이 없으며 사울 왕 시대에도 홀은 유대에 없었다고 말하면서 그리스도교인들의 기를 꺾어놓았다. 이처럼 그리스도교인들은 유대교도를 개종시키기는커녕 그들에게 멸시와 혐오의 대상이 되었으며, 지금까지도 그러하다. 그들은 거짓 문서를 들이대며 적자를 집에서 쫓아내려는 사생아 취급을 받았다. 결국 유대교도를 자기들 편으로 만들려는 희망은 좌절되었고, 이후로는 오로지 이방인 전도에 몰두했다.

16장

복음서에 내재된 잘못된 인용과 잘못된 예언

그리스도교인들이 초기 예비신자들을 붙잡아두기 위해 썼던 한 가지 편법은 옛 예언들을 인용하고 새로운 예언을 위조해내는 것이었다. 그들은 복음서에 옛 예언들을 제멋대로 인용했다. 마태오 혹은 그의 이름을 빌려 쓴 저자는 이렇게 말한다.

나자렛이라는 동네에서 살았다. 이리하여 예언자를 시켜 '그를 나자렛 사람이라 부르리라' 하신 말씀이 이루어졌다.(마태오 2:23)

하지만 예언자들 중 누구도 그런 말을 한 적이 없다. 마태오가 제멋대로 지껄인 것이다. 루가는 복음서 21장에서 대담하게도 이렇게 말한다.

그때가 되면 해와 달과 별에 징조가 나타날 것이다. 지상에서는 사납게 날 뛰는 바다 물결에 놀라 모든 민족이 불안에 떨 것이며 사람들은 세상에 닥쳐올 무서운 일을 내다보며 공포에 떨다가 기절하고 말 것이다. 모든 천체가 흔들릴 것이기 때문이다. 그러나 그때에 사람들은 사람의 아들이 구름을 타고 권능을 떨치며 영광에 싸여 오는 것을 볼 것이다. …… 나는(예수) 분명히 말한다. 이 세대가 없어지기 전에 이 모든 일이 일어나고야 말 것이다.(루가 21:25~27, 32)

그 세대는 사라졌지만, 아무 일도 일어나지 않았다. 바울로는 데살로니가인에게 쓴 편지에서 그와 비슷한 말을 했다.

다음으로는 그때에 살아남아 있는 우리가 그들과 함께 구름을 타고 공중으로 들리어 올라가서 주님을 만나게 될 것입니다. 이렇게 해서 우리는 항상 주님과 함께 있게 될 것입니다.(데살로니가 4:17)

이보다 더한 기만행위나 우매한 광신이 존재할까? 이렇게 저급하고 유치한 거짓말들을 인용하고 근거로 내세우는 것만으로는 부족했는지, 교부들은 더 나아가 루가와 바울로가 그 예언을 통해 예루살렘의 함락을 예고했다고 주장했다. 여기서 필자는 감히 물어보고 싶다.

예루살렘 함락과 예수가 구름에 싸여 큰 권능과 영광을 지니고 오는 것 사이에는 도대체 무슨 연관성이 있는가?

요한이 썼다는 복음서에는 이 책의 저자가 유대인이 아니라는 사실을 명백하게 보여주는 대목이 있다. 예수가 말했다.

내가 너희를 사랑한 것처럼 너희도 서로 사랑하여라. 이것이 나의 계명이다.(요한 15:12)

하지만 이 계명은 전혀 새로운 게 아니었다. 레위기에서 분명하고 아주 단호하게 똑같은 계명을 언급하고 있기 때문이다.

네 이웃을 네 몸처럼 아껴라.(레위기 19:18)

복음서를 꼼꼼히 읽어본다면, 구약성서를 인용하는 부분에서는 어김없이, 하느님 말씀을 명백하게 남용하는 사례나 거짓말의 흔적을 찾을 수 있다.

17장

세상의 종말과
새로운 예루살렘

자신이 살던 시대에 세상의 종말이 찾아오리라고 예언한 사람은 예수
만이 아니었다. 사도 또는 제자라 불리는 자들도 그와 같은 광신적인
발언을 서슴지 않았다. 베드로 바르요나(시몬 베드로)는 그가 썼다고
하는 첫째 편지에서 이렇게 말했다.

> 그래서 죽은 자들에게도 복음이 전해진 것입니다. …… 세상의 종말이
> 가까이 왔으니 정신을 차려 마음을 가다듬고 기도하십시오.
> (베드로전 4:6~7)

두 번째 편지에서는 이렇게 말한다.

우리는 하느님의 약속을 믿고 새 하늘과 새 땅을 기다리고 있습니다.

(베드로후 3:13)

요한이 썼다는 첫째 편지에서는 단도직입적으로 이렇게 말한다.

여러분은 그리스도의 적이 오리라는 말을 들어왔는데 벌써 그리스도의
적들이 많이 나타났습니다. 그러니 마지막 때가 왔다는 것이 분명합니다.
(요한1서, 2:18)

유다라고도 불리는 타대오가 쓴 것으로 여겨지는 편지에서도 마찬
가지로 황당무계한 객설을 늘어놓는다.

주님께서 거룩한 천사들을 무수히 거느리고 오셔서 모든 사람을 심판하
실 때에 모든 불경건한 자들이 저지른 불경건한 행위와 불경건한 죄인들
이 하느님을 거슬러 지껄인 무례한 말을 남김없이 다스려 그들을 단죄하
실 것입니다.(유다 1:14~15)

종말론이라는 터무니없는 사고는 수세기 동안 존속했다. 콘스탄티
누스 시대에 종말이 오지 않으면, 테오도시우스 시대에 찾아오고, 테
오도시우스 시대에도 세상이 끝나지 않으면, 아틸라 치하에서 종말이
찾아오리라는 것이었다. 이 사고는 12세기까지 모든 수도원을 파고들
었다. 수도사들의 방식대로 추론해본다면, "종말이 찾아오면 이 세상
에는 사람도 땅도 존재하지 않으므로 이 세상의 모든 땅은 수도사들

이 차지하게 된다"는 것이다.

종말론이라는 해괴한 사고에 바탕을 둔 또 다른 해괴한 사고가 나타났는데, 그게 바로 '하늘에서 내려올 새로운 예루살렘'이라는 개념이다. 새로운 예루살렘은 요한묵시록에서 예고되었고, 모든 그리스도교인이 그것을 믿었다. 그리고 바로 이때 새로운 예루살렘을 예고했다는 새로운 시빌라의 예언을 위조해냈다. 새로운 도시가 나타나고, 온 세상이 대혼란을 겪은 뒤에 그리스도교인들이 천 년 동안 그 도시에 거주하게 되리라는 내용이었다. 새로운 도시는 연이어 40일 밤 동안에 걸쳐 하늘에서 내려온다고 했다. 테르툴리아누스는 자기 눈으로 직접 목격했다고 주장하기도 했다. 하지만 언젠가 양심적인 자들 모두가 이렇게 소리치는 날이 반드시 오고야 말리라.

그 「통 이야기」를 반박하느라 시간을 허비한다는 게 도대체 사람이 할 짓인가?

보라! 도대체 어떤 사고 때문에 이 세상의 절반이 초토화되었는지를! 하지만 그것은 위선적인 성직자들에게는 공국이나 왕국만큼이나 가치 있는 것이며, 교황의 권위 아래 놓여 있는 지역에서는 아직까지도 날이면 날마다 우매한 자들을 수도원이라는 감옥으로 몰아넣고 있다! 우리는 그 거미줄로 밧줄을 만들어 스스로를 옭아매는 우를 범하고 말았다. 우리는 또 그 밧줄을 쇠사슬로 변화시키는 비밀마저 알아냈다. 하느님 맙소사! 그 우매한 사고들을 위해 유럽은 유혈 속에서 허우적거렸으며, 우리 영국의 왕 찰스 1세는 처형당했다. 오, 잔인한 운명이여!

그리스도교를 믿는 유대인들이 어두컴컴한 고미다락방에서 그 시
시껄렁하고 황당무계한 이야기를 꾸며내고 있을 때, 자신들이 잔인하
고 교활한 교황 알렉산데르 6세와 대담무쌍한 악인 크롬웰[40]을 위한
권좌를 마련하고 있다는 사실을 그들은 과연 알고 있었을까?

---

40 크롬웰(Oliver Cromwell, 1599~1658) 영국의 정치가이자 군인으로, 청교도 혁명에서
왕당파를 물리치고 찰스 1세를 처형하는 등 공화국을 세우는 데 공헌하였다. 1653
년에 통치장전을 발표하고 호국경에 올라 전권을 행사했으나 그의 사후 1년 만에 왕
정이 복고되고 말았다.

18장

알레고리(비유, 예표)

교부라 불리는 사람들은 예비신자들을 붙들어두기 위해 기발한 묘수를 짜냈다. 그리스도교 공동체 내에서도 점차 추론할 줄 아는 그리스도교인들이 나타나기 시작했다. 이들은 예비신자들에게 구약성서의 모든 것이 신약의 '예표'일 뿐이라고 가르치기로 결정했다.

예를 들어, 여호수아가 정탐꾼들에게 위험을 알리려고 음탕한 여인 라합이 창문에 매어놓은 붉은 천 조각은 우리의 죄를 사해주려고 예수가 흘린 피를 뜻한다는 것이다. 사라와 그의 여종 아갈, 눈꼽이 낀 여인 레아와 아름다운 라헬은 각각 유대 교회당(시나고그)과 그리스도교 교회를 가리킨다. 아말렉 사람들과의 전투 중에 모세가 두 손을 치켜 올렸는데, 그 동작은 십자가를 의미한다. 두 팔을 좌우로 뻗었을 때, 그 사람의 모습이 십자가 형태와 비슷하기 때문이라는 것이다.

형제들이 팔아넘긴 요셉은 예수 그리스도이고, 하느님이 내려주신 만나는 성찬을 뜻한다. 동서남북이라는 네 개의 방위는 4대복음서를 가리킨다. 아가서에서 묘사하는, 슐람 여인을 두고 벌이는 갖가지 에로틱한 행위는(입술 위의 입맞춤 등) 명백히 예수 그리스도와 교회의 혼인을 뜻한다고 주장했다. 또한 신부에게 지참금이 없다는 것은 교회가 아직 확고히 자리 잡고 있지 못함을 나타낸다고 말했다.

구체적인 교리들 중 어느 것도 확인된 바 없었기 때문에 신도들은 무엇을 믿어야 할지 무척 혼란스러웠다. 예수는 자필 기록을 전혀 남기지 않았으며, 그가 직접 글을 썼다는 언급조차 없다. 그는 단 한 줄의 글도 남기지 않은 기이한 입법가였다. 따라서 다른 사람들이 나서서 그를 위해 글을 써야 했다. 이런 까닭에 좋은 소식, 곧 복음서들 및 우리가 앞에서 언급한 행전들의 집필과 연구에 몰두했으며, 구약성서의 모든 것을 신약의 알레고리로 전환시켰다.

종파를 만들려고 획책하는 자들의 꼬임에 넘어간 예비신자들은, 무지몽매한 하층민들이 좋아할 만한 그 화려한 이미지들에 빠져들 수밖에 없었다. 이는 그리스도교를 전파하는 데 기여한 가장 효율적인 전도 방식이었다. 이렇게 하여 그리스도교는 로마 당국자들에게 주목받는 요주의 대상이 되기는커녕, 로마제국 방방곡곡으로 은밀하게 퍼져나갈 수 있었다.

어느 무지몽매한 거렁뱅이 집단의 전 역사를, 언젠가 온 세상에 닥쳐올 인류 역사에 대한 예표와 예언으로 변모시켰던 것이다. 어떻게 그런 생각을 할 수 있었는지! 참으로 황당하고 기이한 상상력을 가진 자들이었다!

19장

위조와 위서

초기 몇 세기 동안에는 예비신자들을 끌어들이기 위한 방편으로, 그리스도교가 로마인들과 심지어 로마 황제들에게 존중받았다고 거짓 주장을 하는 경우도 다반사였다. 예수가 썼다는 숱한 문서를 위조해 냈을 뿐만 아니라, 빌라도가 썼다는 글들을 꾸며내기도 했다. 실제로 유스티누스와 테르툴리아누스는 이 행전들을 인용했으며, 이 행전들은 나중에 『니고데모 복음서』[41]에 수록되었다.

---

41 『빌라도 행전(Acta Pilati)』이라고도 한다. 외경 복음서의 하나로, 요한복음에서 예수의 추종자 중 하나로 등장하는 니고데모가 히브리어로 쓴 것을 번역한 것이라고 한다. 니고데모 복음이라는 제목 자체는 중세에 붙은 것이다. 니고데모 복음의 내용이 언제 형성되었는지는 불확실하지만, 4세기 중반에 완성되었을 것이라는 데는 학자들이 대개 동의한다. 빌라도에 관한 부분은 보다 오래된 외경인 베드로와 바울로 행전에서 발견되며, 본 문헌은 빌라도가 티베리우스 황제에게 유대 땅에서 있었던 일을 보고한 문서에서 내용을 근거했다고 주장한다. 예수의 십자가형 및 예수의 기적

빌라도가 티베리우스 황제에게 보냈다는 첫 번째 편지 중 일부를 인용해보자. 매우 흥미로운 대목이다.

방금 전에 그가 도착했습니다. 저는 한참 동안 그 사람을 관찰했습니다. 유대인들은 한껏 고무되어 잔혹한 처벌을 요구하고 있었습니다. 하늘 높은 곳에서 거룩한 자, 다시 말해 나중에 정당한 권위를 지닌 유대 왕이 될 거룩한 자를 보내주겠다고 약속했으며, 그가 동정녀의 아들이 될 것이라고 약속했던 히브리 신이 보냈다는 거룩한 이가 그 사람일지도 모른다는 생각이 들었습니다. 유대 총독인 저 자신이 말입니다. 유대 고위 관리들은 그를 마술사라고 제게 고발했습니다. 저는 그 말을 믿고, 그에게 채찍질을 하게 했습니다. 그러고는 유대 당국자들에게 그 사람을 내맡겨버렸습니다. 그들은 그 사람을 십자가에 매달아 처형했습니다. 유대인들은 그의 무덤 옆에 보초병 몇 사람을 세웠습니다. 하지만 그는 사흘째 되던 날에 되살아났습니다.

아주 오래된 이 서간문은 매우 중요하다. 초기에는 그리스도교인들이 예수를 신이라고 감히 생각하지 않았다는 사실을 말해주고 있기 때문이다. 이들은 예수를 하느님이 파견한 사자라고 생각했다. 만일 예수를 신이라고 생각했다면, 빌라도의 입을 통해서라도 반드시 언급했을 것이다.

두 번째 편지에서 빌라도는 유대인들이 폭동을 일으킬지도 모른

들에 대한 언급을 담고 있다.

다는 우려가 없었다면, "그 고귀한 유대인은 지금도 생존해 있을 것 fortasse vir ille nobils viveret"이라고 고백한다. 여기서 위작자는 빌라도의 진술을 매우 상세하게 기술하고 있다.

카이사리아의 유세비우스[42]는 그의 저서 『교회사Historia ecclesiastica』 제7권에서 예수가 병을 낫게 해준 여자 치질환자가 카이사리아의 시민이라고 단언했다. 그리고 예수의 상像 바로 아래에 있는 그녀의 상을 직접 보았으며, 석상 받침대 주위로는 온갖 질병을 치료하는 식물들이 자라고 있었다고 증언한다.

이름이 베로니카로 알려진 그 여자 환자의 청원서가 아직까지 남아 있는데, 여기서 그녀는 예수 그리스도가 자신에게 행한 이적을 헤로데에게 보고하면서 예수의 상을 세우게 해달라고 요청한다. 그런데 유세비우스에게는 참담한 일이겠지만, 예수의 상이 세워진 곳은 카이사리아가 아니라 파니아데Paniade[43]라는 도시였다.

예수를 신의 반열에 올려놓기 위해 '티베리우스 칙령'이라는 날조된 문서를 만들어 유포시켰으며, 바울로와 세네카가 주고받았다는 서신들을 위조해냈다. 로마 황제, 철학자, 사도, 이들 모두가 동원되었다. 수많은 거짓과 기만행위들 중에서 일부분은 오직 광신적인 동기에서 비롯된 것이었지만, 정치적인 동기에서 비롯된 것들도 적지 않았다. 예를

---

42 유세비우스(Eusebius. 260/265~339/340) 팔레스타인 카이사리아 출신의 신학자이자 역사가. 325년 니케아 공의회에서는에서는 중립적인 입장을 취했으나 결국에는 아타나시우스파에 가담하여 정통파 교리 확립에 공헌하였다. 카이사리아 도서관의 사료를 이용하여 324년까지의 교회사를 저술하여 "교회사의 아버지"로 불린다.
43 카이사리아와 마찬가지로 팔레스타인의 지명이다.

들어, 요한이 썼다고 하는 묵시록, 온통 부조리함뿐인 요한묵시록은 광신적인 동기에서 비롯된 거짓말이다.

정치적인 동기에서 비롯된 거짓말의 대표적 사례가 사도들이 썼다고 알려진 『사도의 헌법le livre des constitutions』이다. 이 책 제2권 25장에는 주교들에게 십일조와 처음으로 수확한 농산물을 바쳐야 한다고 주장하는 대목이 있다. 게다가 26장에서는 주교를 왕이라 부르고 있다.

그 책 28장에서는 애찬을 행할 때, 참석하지 못한 주교에게 가장 좋은 음식을 보내야 한다고 말한다. 또한 사제와 부제에게 할당량의 두 배를 주어야 한다고 말하면서 주교, 그중에서도 특히 로마 주교에게는 훨씬 더 많은 몫을 줘야 한다고 주장한다. 34장에서는 주교를 황제나 왕보다 더 높은 지위로 격상시킨다. 수세기 동안 로마 주교들이 부당하게 차지했던 그 엄청난 권력이 바로 여기서 발원했다.(이 사실은 거의 알려져 있지 않다.)

그 모든 날조된 책들, 성스럽다는 수식어가 붙었던 그 모든 거짓말, 이것들은 신도들 사이에서만 은밀히 유통되었다. 로마인에게 유출시키는 것은 중대한 범죄로 간주되었던 까닭에, 초기 200여 년 동안 로마인들에게는 거의 알려지지 않았다. 그동안 그리스도교는 꾸준히 확산되었고, 신도 수도 기하급수적으로 증가했다.

20장

초기 그리스도교인의 주요 기만행위

그 새로운 광신도들이 날조해낸 가장 오래된 거짓말들 중 하나는, 성 요한 크리소스토무스[1]가 그리스어로 번역하여 온전한 판본으로 지금 까지 남아 있는 『십이족장의 유언』[2]이다. 서기 1세기 무렵에 작성된 그 오래된 책은, 다음과 같은 레위의 유언이 수록되어 있는 것으로 볼 때

---

1 크리소스토무스(Chrysostomus, 349?~407) 4세기의 그리스도교 교부이자 대주교. 안티오키아에서 그리스도교, 특히 성서의 가르침을 설교하였고, 후에 콘스탄티노플 의 총주교가 되었다. 그의 이름은 '황금의 입'을 의미하는 말인데, 그가 얼마나 뛰어 난 설교자였는가를 알려준다.

2 이 책은 창세기 49장에서 시사한 바와 같이 야곱이 열두 아들에게 유언한 것을 기록 한 것이라고 주장한다. 기원전 2세기 초에 이루어졌으나 대체로 책의 형성은 기원후 250년 이후로 보고 있다. 책의 성립과 발전 과정은 불분명한데, 유대교에서 전래된 그리스도교적 편집으로 볼 것인지, 아니면 유대교 문서에 그리스도 교도가 가필한 것으로 볼 것인지 정확하게 밝혀내기는 어렵다.

그리스도교 신자가 쓴 것임에 틀림없다.

세 번째는 장차 유대 왕이 되고 모든 민족을 관할하는 새로운 사제 직분을 내려 받게 될 인물이기에 새로운 이름을 갖게 되리라…….

여기서 소개하고 있는 인물은 예수 그리스도다. 그렇지만 예수가 이런 식의 거짓말로 묘사된 적은 한 번도 없었다. 제17항에서 레위의 발언이 다시 한 번 인용된 다음, 제18항에서는 유대 사제들이 짐승들과 육욕의 죄를 범하리라고 예수가 예언하는 대목이 있다. 뿐만 아니라 모세, 에녹, 요셉의 유언, 모세, 아브라함, 엘다, 모다, 엘리야, 소포니아, 즈가리야, 하바꾹의 승천기도 위조했다.

같은 시기에, 그 유명한 『에녹서』[3]가 제작되었는데, 이 책은 모든 그리스도교 신비의 유일한 근거가 되는 책이었다. 죄를 지어 천국에서 쫓겨난 뒤에 지옥을 배회하는 악마가 되었다는, '반란을 일으킨' 천사들의 이야기가 수록된 유일한 책이기 때문이다. 알렉산드리아의 어느 그리스도교인이 그리스어로 쓴 이 에녹 이야기가 나온 다음에야, 사도들의 저작으로 알려진 모든 문서가 제작되었다는 것은 이미 밝혀진 바 있다.

---

3 구약 외경 중 하나로, 분량이 가장 많다. 원문은 헤브라이어로 생각되나 현존하는 것은 에티오피아어(제1에녹서)로 기록된 것이고, 소수의 단편이 그리스어와 라틴어로 쓰여 있다. 내용은 심판의 날의 묘사, 천사론, 천상·지상·지하를 돌아다니는 에녹의 여행기, 기상학·천문학적 해설, 메시아론, 대홍수의 예언, 아담에서 메시아의 도래에 이르는 모든 역사의 상징적 언어에 의한 개관 등이다.

유다는 그의 편지(유다 서간)에서 에녹서를 여러 차례 인용했다. 유다는 에녹의 발언을 인용하고 있으나, 아담의 7대손 에녹이 예언서를 썼다고 단언해도 좋을 만큼 의미 있는 근거 자료는 아니다.

이것이 바로 거짓으로 드러난 유치한 기만행위의 두 가지 사례다. 곧 에녹서들을 위조한 기만행위, 그리고 에녹의 발언이 수록된 유다 서간을 위조한 기만행위, 둘 다 그리스도교인이 저지른 일이다. 이보다 더 조잡하고 천박스러운 사기짓은 찾아보기도 어렵다.

오랫동안 아무런 검증 없이 사실인 것처럼 여겨온 그 거짓말들의 주요 저자가 누구인지 추적해보는 것은 쓸데없는 일이다. 하지만 헤게시푸스[4]라는 인물로 짐작하게 하는 몇 가지 단서가 있다. 그가 쓴 설화들은 당시에 큰 인기를 누렸으며, 테르툴리아누스도 그를 인용했고, 유세비우스는 그의 글을 모방하기도 했다. 바로 그 헤게시푸스가 유다는 다윗의 후손이며 그의 손자들은 도미티아누스 황제 시대에 생존했다고 말한 장본인이다. 그의 말에 따르면, 도미티아누스 황제는 예루살렘의 왕권, 따라서 전 세계의 통치권을 요구할 수 있는 적법한 권한을 지닌 위대한 다윗왕의 자손들이 생존해 있다는 사실을 전해 듣고 겁을 먹었다. 황제는 그 유명한 왕가의 자손들을 궁정에 불러들였다. 하지만 그들이 비천한 거렁뱅이에 지나지 않는다는 것을 알게 되었고, 황제는 아무런 해를 끼치지 않고 그들을 돌려보냈다.

그 거렁뱅이들의 조부인 유다로 말할 것 같으면, 사도들 중 한 사람

---

4   헤게시푸스(Hegesippus, 110?~180?) 2세기에 활동한 그리스도교의 저술가, 성인. 팔레스티나 출신으로 그리스도교로 개종하였다.

으로, 타대오 또는 레베오라 불렸다. 마치 요즘 소매치기들이 가명을 두어 가지 만들어놓고 번갈아 사용하는 것처럼 말이다.

예수가 에뎃사라는 도시를 다스리는 왕(실제로는 당시 이곳에는 왕이 존재하지 않았다)에게 보냈다는 편지, 그리고 유다 타대오가 그 왕을 찾아 갔다는 이야기는 400여 년 동안 초기 그리스도교인들 사이에서 큰 인기를 누렸다.

복음서 제작에 참여하는 자들, 아직은 소규모였던 그리스도교 공동체를 상대로 가르치고 설교하는 자들, 이런 자들 모두가 4대복음서에서는 전혀 언급된 바 없는 예수의 말과 행적을 제멋대로 조작해냈다. 사도행전 20장 35절에서 바울로는 예수의 말씀을 이렇게 인용했다.

주는 것이 받는 것보다 더 행복하다.

하지만 이 말은 마태오 복음서, 마르코 복음서, 루가 복음서, 요한 묵시록, 어느 곳에서도 찾아볼 수 없다.

베드로 여행기, 베드로 묵시록, 베드로 행전, 바울로와 테클라 행전, 바울로와 세네카가 주고받은 서신들, 빌라도 행전, 빌라도 서신, 이 문서들은 우리 학자들 사이에서 이미 잘 알려져 있다. 따라서 거짓말과 허무맹랑한 이야기들을 보관하는 고문서 보관소를 뒤지는 수고를 들일 필요가 없다.

그들은 빌라도의 아내인 클라우디아 프로쿨라의 전기를 꾸며내는 유치한 짓거리도 마다하지 않았다. 예수 그리스도와 동시대를 살았으며 사도들이 길러낸 유명한 제자들 중 한 사람으로 알려진 압디아스[5]라는 한심한 자는, 초기 그리스도교인들 사이에서 제법 유명했던 마술사 시몬과 대결을 벌인 베드로의 이야기를 우리에게 알려준 장본인이다. 이 터무니없는 거짓말은 베드로가 로마에 왔었다는 믿음을 탄생시킨 유일한 근거였다. 그뿐만 아니라 이 황당무계한 이야기에 근거하여 교황의 위대성, 인류에게는 치욕스럽기 짝이 없는 그 위대성이 정당화되었다. 역대 교황들이 전 인류에게 얼마나 많은 범죄를 저질렀는지를 생각한다면, 교황의 위대성이라는 말을 꺼내는 것조차 가소롭고 낯부끄럽지 않은가?

다음은 그 사건을 직접 목격했다고 주장하는 압디아스의 '베드로와 마술사 시몬의 대결' 이야기다. 시몬 베드로 바르요나는 네로 황제 시대에 로마에 왔으며, 마술사 시몬이라는 자도 같은 시기에 로마에 나타났다. 그런데 네로 황제의 가까운 친척인 젊은이가 갑작스럽게 사망한 일이 있었다. 죽은 젊은이를 소생시키라는 황제의 명령이 떨어졌다.

두 시몬이 죽은 자를 되살려보겠다고 나섰다. 마술사 시몬은 둘 중 실패한 자는 목숨을 내놓는다는 조건을 내걸었다. 시몬 베드로가 동의하자, 마술사 시몬은 곧 작업에 착수했다. 얼마 후, 죽은 젊은이가 머리를 심하게 흔들었다. 이 모습을 지켜본 군중들은 경탄의 소리를 질렀다. 시몬 베드로는 조용히 해달라고 당부하고는 이렇게 말했다.

---

5   압디아스(Abdias) 1세기의 예언자이자 그리스도의 72제자 중 한 사람으로 사도 시몬과 유다가 그를 바빌론의 첫 주교로 임명했다고 전승되나 역사적 증거는 희박하다.

여러분, 죽은 이가 아직 살아 있다면, 몸을 일으킨 다음 앞으로 걸어가서 여러분과 말을 할 것입니다.

그러고는 죽은 이를 향해 말했다.

내 아들아, 일어나거라. 우리 주 예수 그리스도께서 너를 고치셨다.

젊은이는 곧 일어나서 말을 하고 걸어갔다.

시몬 바르요나는 젊은이를 그의 어머니에게 데려갔다. 그러자 마술사 시몬은 탄원을 하러 네로 황제를 찾아가서 베드로는 비천한 협잡꾼이며 무지몽매한 자라고 말했다. 베드로는 황제 앞에 나타나 그에게 귓속말을 했다.

저를 믿어 주십시오. 제가 저자보다는 아는 게 많습니다. 그것을 증명해보일 테니, 아무도 몰래 보리빵 두 개를 제게 갖다 주십시오. 저자가 무슨 생각을 하는지 저는 알아맞힐 수 있지만, 저자는 제 생각을 조금도 알아채지 못한다는 사실을 폐하께서는 아시게 될 것입니다.

사람들이 베드로에게 빵 두 개를 갖다 주었고, 베드로는 빵을 소매 속에 감췄다. 바로 그때 마술사 시몬은 자신의 수호천사인 큰 개 두 마리를 나타나게 했다. 개들이 베드로에게 달려들자 영리한 베드로는 빵 두 개를 던졌다. 개들은 빵을 향해 허겁지겁 달려들었고, 사도는 무사했다. 베드로는 황제에게 말했다.

자, 보셨지요? 저는 저자의 생각을 알아냈지만, 저자는 제 생각을 알아채지 못했다는 것을 말입니다.

마술사는 보복할 기회를 달라고 요청했다. 그는 다이달로스처럼 공중으로 날아오르겠노라고 호언장담했다. 마침내 결투의 날이 왔다. 마술사 시몬은 실제로 공중으로 날아올랐다. 그러자 베드로는 하느님께 기도를 드렸다. 시몬이 땅바닥으로 추락하여 목이 부러지게 해달라고 하느님께 눈물로 호소하자 실제로 그렇게 되었다. 네로 황제는 시몬 베드로의 기도로 인해 뛰어난 마술사를 잃었다는 사실에 격분하여 그 유대인을 십자가에 거꾸로 매달아 처형했다.

압디아스뿐만 아니라, 같은 시대의 그리스도교인 두 사람이 이 이야기를 언급했다고 한다면 믿을 사람이 있을까? 어쨌든 앞에서 언급한 헤게시푸스와 마르첼루스⁶라는 사람이 그 이야기를 했다. 마르첼루스는 자기만의 독특한 세부 사항들을 덧붙였다. 모순되는 내용을 아무렇지도 않게 이야기한다는 점에서 마르첼루스는 복음서 저자들과 매우 비슷하다. 그가 덧붙인 내용은 다음과 같다. 마술사 시몬은 황제에게 자신의 능력을 과시하려고 이렇게 말했다.

누군가를 시켜 제 목을 베어주십시오. 그러면 사흘째 되는 날에 되살아나겠다고 약속드리겠습니다.

6　마르첼루스(Marcellus, 300?~374) 안키라(오늘날 터키의 앙카라)의 주교.

황제는 소원을 들어주었다. 누군가가 마술사의 목을 베었다. 그로부터 사흘째 되는 날에 마술사 시몬은 세상에서 가장 아름다운 얼굴로 황제 앞에 나타났다.

이 글을 읽는 독자들도 나와 함께 곰곰이 생각해보기를! 이 허접스러운 이야기를 했다는 세 명의 허풍선이들, 곧 압디아스, 헤게시푸스, 마르첼루스가 그렇게 미숙하고 분별없는 자들이 아니었고, 두 시몬에 관한 더욱 사실적인 이야기를 지어냈으리라고 필자는 생각한다. 오늘날 이 세 사람은 절대적으로 인정받는 교부들로 간주되고 있지 않은가? 요즘도 날마다 모든 신학자들이 누구도 비난할 수 없는 증인으로 이자들을 인용하고 있지 않은가? 옥스퍼드나 소르본에서는 사도행전의 내용과 합치된다는 점을 근거로 세 명의 저술가가 쓴 글의 진실성을 증명하고, 세 사람의 저서를 토대로 사도행전의 진실성을 규명하고 있지 않은가? 따라서 이 세 저술가가 말한 이야기는 당연히 사도행전이나 4대복음서들만큼이나 진실된 것이다. 그 이야기들은 사도행전이나 복음서와 똑같은 경로로 수세기를 거쳐 우리에게 전해졌다. 따라서 사도행전과 4대복음서들을 내던지지 않았듯이 그 이야기들 역시 내던져야 할 이유가 없지 않은가?

그 이야기의 나머지, 곧 안드레아, 큰 야고보, 요한, 작은 야고보, 마태오, 토마, 이런 자들의 눈부신 행적을 다룬 부분은 여기서 언급하지 않겠다. 그런 터무니없는 이야기에 관심 있는 사람들은 각자 찾아서 읽어보기 바란다. 하지만 똑같은 광신과 똑같은 우매함밖에 별다른 게 없다. 우스꽝스러운 이야기도 너무 장황하면, 따분하고 지겨워지는 법이다.

21장

그리스도교 초기 몇 세기 동안
그리스도교인의 교리와 형이상학 - 유스티누스

안토니누스 황제 시대에 활동했던 유스티누스[7]는 철학자라고 불릴 만한 최초의 그리스도교 신학자들 중 한 사람이다. 또한 시빌라의 예언, 새로운 예루살렘, 예수 그리스도가 지상에서 천 년간 머무를 것이라는 천년왕국설에 신빙성을 제공한 최초의 인물들 중 한 사람이었다.

  그는 그리스인의 모든 지식이 유대인들로부터 유래했다고 주장했다. 그가 쓴 『제2호교론Apologia secunda』에서는 이교의 신들은 인큐버스와

---

7 유스티누스(Justinus, 100?~165?) 초기 그리스도교의 철학자, 호교론자. 그리스 철학을 처음으로 그리스도교의 계시와 긍정적으로 접목하여 역사신학의 토대를 마련한 철학자. 그의 호교론은 2세기 호교론자들의 저술 가운데 가장 뛰어난 것으로 평가되고 있다.

서큐버스[8]의 형상으로 인간을 타락시키러온 악마들일 뿐이며, 소크라테스는 그 사실을 아테네인들에게 퍼뜨렸다는 죄목으로 사형 선고를 받아 독배를 마시고 죽었다고 주장했다.

오늘날 우리가 알고 있는 것과 동일한 삼위일체의 신비를, 유스티누스 이전에는 아무도 이야기한 적이 없다고 단언할 수는 없다. 나중에 누군가에 의해 그의 저서가 왜곡되는 일이 없었다고 가정한다면, 유스티누스는 그리스도교 신앙을 해설하면서 분명히 이렇게 말했다.

처음에 단 한 분인 하느님께서 세 위격으로 존재하셨는데, 그게 바로 성부와 성자와 성령이다. 성부는 나신 자가 아니며pas engendre, 성령은 발현하셨다.

유스티누스는 플라톤과는 다른 방식으로 삼위일체를 설명하기 위해 삼위일체를 아담에 비유했다. 그는 "아담은 나신 자가 아니다pas engendre"라고 말한다. 아담은 그의 후손들과 동일한 존재다. 마찬가지로 성부는 성자와 성령과 동일한 존재다. 나중에 유스티누스는 아리스토텔레스를 반박하는 글을 쓰기도 했다. 하지만 우리가 아리스토텔레스를 이해하지 못하는 것만큼, 아니 그 이상으로 유스티누스는 아리스토텔레스를 제대로 이해하지 못했으리라고 필자는 자신 있게 말

---

8 인큐버스(Incubus)와 서큐버스(Succubus) 여러 신화와 전설상에 등장하는 악마로서 잠들어 있는 사람, 특히 여성과 성교 행위를 하는 남자의 모습을 한 몽마(夢魔)를 지칭하는 말이다. 여성의 모습을 한 몽마는 서큐버스라고 부른다.

할 수 있다.

유스티누스는 그의 『정통파들에 대한 답변』 제43항에서 우리 인간은 생식기와 함께 부활할 것이라고 주장한다. 생식기가 없다면 이 세상에 태어날 수 없고, 태어나지 못하면 예수 그리스도를 알지 못했을 것이라는 점을 생식기가 끊임없이 환기시켜주기 때문이라는 것이다. 교부들 모두가 예외 없이 유스티누스와 비슷한 방식으로 논리를 전개시켰다. 대부분 하층민으로 이루어진 신도들을 인도하기 위해서 그보다 나은 논증 방식은 필요치 않았다. 로크나 뉴턴 같은 사람들이 종교를 창시하는 경우를 본 적이 있는가?

그리고 유스티누스와 그를 따르는 교부들은 플라톤과 마찬가지로 영혼의 선재先在를 믿었다. 영혼은 정신적인 것으로 바람, 숨결, 눈에 보이지 않는 공기와 같은 것이라고 생각하면서, 영혼을 아주 미묘한 혼합물로 보았다. 타티아누스[9]는 그가 쓴 『헬라인들에게 주는 강론』에서 이렇게 말했다.

영혼은 분명 혼합물이다. 신체 없이 영혼의 실재를 인지할 수 없기 때문이다.

아르노비우스[10]는 영혼의 물질성 혹은 유형성에 대해 훨씬 더 실증

---

9 타티아누스(Tatianus, 110?~180?) 2세기경 그리스의 변증론자. 그리스 식 교육을 받아 그리스 문학에 조예가 깊었다. 뒤에 로마에서 유스티누스(Justinus)의 가르침을 받고 그리스도교에 귀의하여 그리스 문화를 매도한 많은 저서를 펴냈다.

10 아르노비우스(Arnobius, ?~327?) 초기 그리스도교의 호교론자. 아프리카의 로마 식

적으로 설명한다.

불멸하고 단순한 어떤 존재가 아무런 고통을 느끼지 못한다고 누가 감히 말할 수 있는가? 영혼은 다름 아닌 생명의 요인이며, 용해되는 묽은 물질이다.

민지 시카 베네리아에서 활약했다. 처음에는 그리스도교를 심하게 반대했으나 뒤에 그리스도교로 개종한 다음에는 그 변호에 노력하였다. 그의 『제국민에 대하여(Adversus nationes)』는 그리스도교 변증과 이교에 대한 비판을 담고 있다.

22장

테르툴리아누스

북아프리카 출신의 테르툴리아누스는 유스티누스 이후에 출현한 인물이다. 그의 나라 프랑스에서는 제법 유명한 인물인 철학자 말브랑슈[11]는 단도직입적으로 그를 가리켜 "미치광이"라는 표현을 썼는데, 테르툴리아누스가 쓴 글들을 읽어보면, 그의 판단이 틀리지 않았음을 알게 된다. 오늘날까지 읽히는 그의 유일한 저서는 『호교서 Apologeticum』라는 책이다. 아바디나 우트빌 같은 사람들은 이 책을 단 한 번도 인용한 적이 없으면서 이 책을 탁월한 저서, 곧 걸작으로 간주했다.

---

11 말브랑슈(Nicolas Malebranche, 1638~1715) 프랑스의 계몽주의 철학자, 수도사. 신앙의 진리와 이성적 진리의 조화를 위해 아우구스티누스의 신학과 데카르트의 철학을 융합하였다.

이 "탁월한 저서"에서 테르툴리아누스는 로마인들을 달래고 진정시키려 애쓰기는커녕, 그들에게 욕설을 퍼붓고 죄악을 떠넘기고 아무런 근거도 제시하지 못하면서 자신의 주장을 격렬하게 쏟아냈다.

테르툴리아누스는 로마 황제들이 영을 어긴 자는 사형에 처한다고 하면서 엄격한 금지령을 내렸음에도 불구하고, 지금도 카르타고 주민들은 비밀리에 사투르누스 신[12]에게 아이들을 제물로 바친다고 하면서 로마인들을 비난했다.(9장) 하지만 이것은 로마인을 비난하기에 적합한 사례라기보다는 오히려 로마인의 지혜를 찬양하기에 적합한 사례가 아닌가?

테르툴리아누스는 사나운 동물을 상대로 싸우는 검투사 경기를 비판하면서도, 사형수들만을 경기장에 내보낸다는 점은 인정하고 있다. 사형수들에게는 용기로써 형을 면제받을 수 있는 기회가 된다는 것이다. 따라서 이것 역시 로마인의 지혜를 찬양하기에 적합한 사례다. 테르툴리아누스가 비난했어야 하는 것은 사형수가 아닌 자발적인 일반 검투사들의 싸움이다. 하지만 그는 이 점에 대해서는 언급하지 않았다.

다혈질의 테르툴리아누스는 심지어 이렇게 토로했다.(23장)

비를 예고하는 여러분의 신 천상의 동정녀를, 목숨이 경각에 달린 환자를

---

12 사투르누스(Saturn) 로마 신화에 나오는 농경신(農耕神), 그리스 신화의 크로노스와 동일시되었다.

살려낸다는 신 에스쿨라페Esculape[13]를 내게 데려오시오. 그런 다음, 그들이 내게 악마라고 자백하지 않는다면(그리스도교인 앞에서는 누구도 감히 거짓말을 못하기에), 이 무모하고 경솔한 그리스교인의 피를 흘리게 하시오. 이보다 더 명백하고 확실한 사실이 또 있을까요?

이에 대해 현명한 독자들은 이렇게 대답할 것이다.

당신의 말보다 더 황당무계하고 광신적인 언사가 또 있을까요? 어떻게 신상神像들이 처음 보는 그리스도교인에게 자기들이 악마라고 고백한단 말이오? 대체 언제, 어디서 그런 이적을 보았소?

자신이 쓴 그 우스꽝스럽고 형편없는 『호교서』를 로마인들이 읽었을 리 없으며, 더구나 에스쿨라페상像을 자신에게 가져다주는 일은 절대로 없을 것이라고 확신했기에, 테르툴리아누스는 그렇게 터무니없는 말을 함부로 떠벌였던 게 아닐까? 지금까지 아무도 주목한 적이 없는 그의 책 32장은 사실 매우 주목할 만하다. 그의 말을 들어보자.

우리는 로마 황제들과 로마제국을 위해 하느님께 기도합니다. 우리의 기도가, 이제 곧 닥쳐올 세상의 몰락과 시간의 종말을 어느 정도 지연시킬 수 있으리라고 확신합니다.

---

13 에스쿨라페(Esculape) 의술의 신, 그리스의 아스클레피오스

한심한 자여! 세상이 오늘날까지 아무 탈 없이 존속하고 있다는 사실을 그대가 알았더라면, 그대의 지배자들을 위해 기도하는 일 따위는 할 필요가 없었을 터인데!

테르툴리아누스는 그의 엉터리 라틴어로 대체 무얼 말하고 싶었던 걸까? 천년왕국이 도래함을 말하고자 했을까? 루가와 바울로가 진즉에 예고했으나 실현될 기미조차 보이지 않는 세상의 종말을 이야기하고자 했을까? 당신의 일생일대 창작품을 파괴해버리려고 작정하신 하느님을, 이 세상을 끝장내버리려고 하는 하느님을, 어느 그리스도교인이 오직 기도로써 만류할 수 있다는 것을 말하고자 했을까? 그런데 이것이야말로 상식이나 분별력이 결여된 전형적인 광신도의 발상이 아니고 무엇인가?

여기서 지적해야 할 매우 중요한 사실은, 서기 2세기 말에 이미 그리스도교인들 중에는 부자들이 상당수 존재했다는 점이다. 세월이 200년이나 흐르는 동안, 열성적이고 지칠 줄 모르는 그리스도교 전도사들이 마침내 중산층 사람들을 끌어들이는 데 성공했다는 사실은 그리 놀라울 것도 없다. 로마제국의 번영을 기원하는 각종 행사에 참석하고 싶어 하지 않는다는 이유로, 고위직에서 배제된 이들은 상업에 종사했다. 장로파를 비롯한 비국교 신도들이 과거에 프랑스에서 그러했고, 현재 영국에서 그렇게 하고 있는 것처럼 말이다. 이렇게 해서 그들을 부를 축적할 수 있었다.

당시 그리스도교 예식이었던 애찬(아가페)은 진수성찬이었다. 이들의 사치와 탐식은 이미 비난의 대상이 되고 있었으며, 테르툴리아누스도 이 점을 인정한다.(34장)

그렇습니다. 하지만 아테네나 이집트의 여러 비교秘教 행사에서도 진수성 찬을 즐기지 않습니까? 지출되는 비용은 상당하겠지만, 유익하고 경건한 행사라는 점은 분명합니다. 가난한 자들에게 혜택이 돌아가니까요.

마지막으로 다혈질의 테르툴리아누스는 철학자들은 박해하지 않으면서 그리스도교인을 억압하는 데 대해 불평을 늘어놓는다.(46장)

철학자들로 하여금 제물을 바치고 이교 신들에게 맹세하도록 강요하는 일이 있던가요?

하지만 이것은 철학자들은 위험인물이 아니지만 그리스도교인은 위험인물이라는 사실을 반증할 뿐이다. 철학자들은 로마제국의 고위 당국자들과 더불어 일반 대중들의 미신에 전혀 개의치 않았다. 철학자들은 제국 내에서 당파나 파벌을 형성하지 않았다. 하지만 그리스 도교인들은 위험한 분파를 조직하기 시작했고, 결국 이 분파는 로마 제국의 멸망에 한몫을 하게 된다. 이런 사실 한 가지만으로도, 만일 그리스도교인이 지배자가 된다면 가장 잔혹한 박해자가 되리라는 게 분명하지 않은가? 배타적이고 불관용한 그리스도교 분파는 자신들을 제외한 나머지 인류에게서 자유를 박탈할 수 있을 만큼 완벽한 자유 를 누리게 되는 날, 오직 그날이 오기만을 손꼽아 기다리고 있었다.

로마 시 장관이었던 루틸리우스는 이미 그리스도교를 믿는 유대인 분파에 대해 이렇게 간파하고 있었다.

티투스 황제도 폼페이우스도

그 가증스러운 유대를 정복하지 말았어야 했다!

오늘날 그 독이 우리 사회에 서서히 퍼져나가고 있으며,

승리자들이 억압받는 신세가 되어 패배자들에게 굴복하게 될 날이 머지

않았으니!

이 몇 마디 시 구절에서는 불관용이라는 섬뜩한 교리를 자신만만하게 내보이는 그리스도교인들의 모습이 보인다. 그들은 로마제국의 전통 종교를 타파해야 한다고 도처에서 공공연히 소리쳤다. 이제는 그들을 절멸시키든지 아니면 그들에 의해 절멸을 당하든지 둘 중 하나밖에 선택의 여지가 없다는 것을 로마 당국자들은 예감하고 있었다. 하지만 오리게네스가 그의 책 『켈수스를 논박함Contra Celsum』 제3권에서 고백하고 있듯이, 사형 선고를 받은 그리스도교인이 극소수에 지나지 않았을 만큼 원로원의 관용은 여전했다.

테르툴리아누스의 다른 글들은 여기서 다루지 않겠다. 그의 주장에 따르면 영지주의자들이 전갈처럼 독침으로 쏜다고 하여 『스콜피온』[14]이라는 제목을 붙였다는 책, 말브랑슈가 심하게 조롱했던 『외투에 관하여』를 검토할 생각은 전혀 없다. 그렇지만 영혼에 대해 쓴 그의 책[15]은 간단하게나마 살펴볼 필요가 있을 것 같다. 이 책에서 테르

---

14 정확하게는 『스콜피온 해독제』다.

15 저자가 책의 이름을 언급하고 있지 않지만 『영혼에 관하여』 혹은 『영혼의 증거에 관하여』로 추정된다.

툴리아누스는 그리스도교 초기 3세기 동안의 교부들 모두가 생각했던 것과 마찬가지로, 영혼이 물질적인 것이라는 주장을 증명하려 했다. 또한 위대한 시인 루크레티우스[16]의 권위에 기대어 자신의 주장을 관철시키고자 애썼으며, 영혼이 형체와 색채를 갖고 있다고 주장했다. 이것이 바로 교회의 최고 엘리트들이라고 하는 교부들의 본모습이다.

또 한 가지, 우리가 잊지 말아야 할 것은 테르툴리아누스가 사제이면서 기혼자였다는 사실이다. 혼인과 서품은 아직 성사聖事가 아니었다. 로마의 주교들은 유럽의 반쪽에 해당되는 지역에서, 가족도 조국도 없이 오직 그의 명령에 복종하는 사병私兵 조직을 갖게 될 만큼 막강한 권력과 야심으로 중무장하게 되었을 때, 비로소 사제들에게 결혼을 금지했다.

---

16 루크레티우스(Titus Lucretius Carus, 기원전 96~55) 로마의 시인, 철학자. 그의 저서인 『만물의 본성에 대하여』에서는 에피쿠로스에 대한 찬미와 원자론적 합리주의를 다루고 있다. 고대 원자론의 원칙에 의해, 자연현상, 사회 제도와 관습을 자연적, 합리적으로 설명하고, 영혼과 신에 대한 편견을 비판하였다.

23장

알렉산드리아의 클레멘스

알렉산드리아의 사제 클레멘스[17]는 늘 그리스도교인을 영지주의
자[18]라고 불렀다. 클레멘스가, 과거에 그리스도교인들을 분열시켰고

---

17 클레멘스(Clemens, 150?~215?) 초기 그리스도교 신학자. 오리게네스의 스승이었다.
그리스 철학으로 그리스도교의 진리를 설명하기 위해 노력하였다. 그노시스파가 융
성하여 정통과 이단의 구분이 불분명한 알렉산드리아에서 그 구분을 분명하게 하
였다. 또한 최초로 고대철학과 그리스도교를 종합적으로 전개한 신학자로도 알려져
있다.

18 영지주의는 그노시스(gnosis)라고도 하는데, 그리스어로서 인식(認識), 앎, 지식 또
는 깨달음(覺)으로 번역할 수 있다. 초기 그리스도교의 입장에서는 중대한 이단이
었다. 이들은 유대교 전통보다는 그리스 사상의 관점에서 그리스도교를 이해하려
고 하였다. 이들은 영과 정신은 선하고 육과 물질은 악하다는 극단적 이원론에 근거
하여 구약의 창조주를 물질을 만든 저급한 신으로 보았다. 그들은 구약과 신약의 단
절성을 과도하게 강조하였고 그리스도의 인성에 타격을 줄 만큼 신성을 강조하였다.
선한 그리스도의 영이 악한 인간의 육을 입었다는 사실을 받아들이기를 꺼려하였
기 때문에 그들이 설명하는 그리스도론은 가현설(假現說)로 이해된다. 그리스도가

그 후로도 계속해서 분열시키게 될 그 분파들 중 하나인 영지주의자들, 곧 그노시스파에 속한 인물이었을까? 아니면 그 당시 그리스도교인들이 영지주의자라고도 불렀을까? 아무튼 그의 책을 읽는 독자들에게 독서의 재미와 유익함을 동시에 제공하는 장점 한 가지가 있다면, 그것은 책에서 숱하게 인용된 고대 작가들, 곧 호메로스, 오르페우스, 헤시오도스, 소포클레스, 유리피데스, 메난드로스의 운문들이다. 잘못 인용된 경우가 대부분이지만, 책을 읽는 독자들로서는 고대 작가들의 글을 찾아 읽는 재미가 쏠쏠하다.

클레멘스는 초기 3세기 동안의 교부들 중 유일하게 고대 문학에 대한 지식과 취향을 가진 저술가였다. 그는 저서 『그리스인에 대한 권고 Protrepticus』나 『스트로마타Stromateis』(잡동사니)에서 고대 그리스 저작들, 아시아와 이집트 지역의 전례에 관한 해박한 지식을 자랑하고 있다. 그가 추론이나 논증을 하는 경우는 거의 없는데, 독자들을 위해서는 오히려 잘 된 일이다.

그의 가장 큰 약점은 시인이나 소설가가 창작한 허구적인 이야기들을 이방인 종교의 근거로 간주하고 있다는 사실인데, 이는 다른 교부들을 비롯한 모든 논쟁적 저술가들에게서 관찰되는 공통된 현상이다. 상대방에게 우매함을 전가시킴으로써 자신은 우매함으로부터 완벽하

입은 육신은 그렇게 보였을 뿐이지 실제로 인간의 육신을 입은 것이 아니라는 것이다. 그들은 육체를 영혼의 감옥으로 이해하였기 때문에 영혼을 가두고 있는 육체를 제어하고 영혼을 육체로부터 해방시키는 방법으로 과도한 금욕주의를 주장하였다. 또 그들은 구원에 이르게 하는 비밀한 지식을 추구하였으며, 예수는 그 지식을 매개하는 중재자로 생각하였다.

게 벗어났다고 믿으며 우쭐해하는 것이다. 예를 들어보자.

예수가 신의 아들이라는 우리의 주장을 오류라고 주장한다면, 당신들의 바쿠스, 헤라클레스, 페르세우스도 신의 아들이 아니었던가요? 우리의 예수가 악마에게 이끌려 산꼭대기 위로 올라갔다면, 당신네 신화 속 거인들은 주피터의 머리 위로 산들을 내던지지 않았나요? 우리의 예수가 마을의 혼인잔치에서 물을 포도주로 바꿔놓았다는 것을 당신들이 믿으려 하지 않는다면, 아니오스의 딸들이 손을 대는 것마다 밀, 포도주, 기름으로 바꿔놓았다는 것을 우리도 믿지 않겠습니다.

어느 한쪽으로 치우치는 법 없이 양측은 팽팽하게 균형을 유지하고 있다.

알렉산드리아의 클레멘스는 『그리스인에 대한 권고』에서, 이교의 전체 신화 내용 가운데 가장 놀라운 사건은 '바쿠스가 지옥에 다녀왔다'는 일화라고 말한다.

바쿠스는 지하 세계로 가는 길을 알지 못했다. 프로심노스Prosymnus라는 자가 길을 가르쳐주었는데, 그 대가로 돌아오는 길에 자기 소원을 들어줄 것을 조건으로 내걸었다. 미남인 바쿠스에게 요구한 것은 주피터가 가니메데스를 상대로, 아폴론이 히아킨토스를 상대로 했던 것을 자신에게 해달라는 것이었다.[19] 바쿠스는 제안을 받아들였고, 곧

---

19 주피터와 가니메데스, 그리고 아폴론과 히아킨토스의 이야기는 동성 간의 사랑을 주제로 하고 있다.

지옥으로 떠났다. 그러나 돌아와 보니 프로심노스는 이미 죽은 뒤였다. 바쿠스는 어떻게든 약속을 지키려고 애썼다. 그는 프로심노스의 무덤가에 무화과나무가 있는 것을 보고, 발기한 음경과 비슷하게 생긴 가지 하나를 꺾어 그의 무덤에 꽂아주었다. 약속을 이행한 바쿠스는 홀가분한 마음으로 그 자리를 떴다.

거의 모든 고대 종교에서 공통적으로 찾아볼 수 있는 이처럼 황당무계한 이야기들을 통해 우리가 분명히 알 수 있는 것은, 단 한 분인 신을 섬긴다는 진정한 종교 혹은 진정한 철학에서 멀어지면 멀어질수록, 다시 말해 미신에 빠져들면 빠져들수록, 입에서 나오는 것은 황당하고 비상식적인 말들뿐이라는 점이다.

그런데 여기서 사실을 명확히 규명해보자. 그 황당무계한 설화들이 정말로 로마 종교에 속한 것이라고 말할 수 있을까? 로마제국의 원로원이 남색을 꺼려하지 않는 바쿠스나 도둑의 신 메르쿠리우스에게 신전을 지어 바쳤던 적이 있는가? 가니메데스의 신전들이 있었는가? 알렉산드로스 대왕이 헤페스티온에게 그랬던 것처럼, 하드리아누스 황제는 그가 사랑했던 미소년 안티노스를 위해 신전을 지었다. 하지만 그것은 사랑하는 연인을 기리기 위한 것일 뿐이었다. 동성애자 안티노스에게 바치는 명문이 새겨진 메달이나 기념물이 있었는가?

교부들은 이방인이라 불리는 자들을 비웃었지만, 그 이방인들에게도 보복할 거리가 없지 않았다. 어느 천사로 인해 졸지에 오쟁이 진 남편 신세가 된 요셉, 간통과 근친상간과 매춘을 저지른 조상들의 자손으로 목수 집안에서 태어난 예수라는 신, 세 번째 하늘을 다녀왔다고 큰소리치는 바울로, 전 재산을 모두 바치지 않았다고 해서 시몬 바르요나에 의해 급살을 맞은 부부…… 이방인들에게 보복을 위한 가공할 만한 무기를 제공할 인물들이다! 소돔의 천사들이 바쿠스와 프로심노스, 또는 아폴론과 히아킨토스보다 나을 게 없지 않은가?

클레멘스나 다른 교부들이나 사고방식은 한결같았다. 클레멘스의 말을 들어보자. 하느님께서는 6일 동안 세상을 만드시고, 7일째 되는 날에 휴식을 취하셨다. 왜 그런고 하니, 일곱 개의 떠돌이별이 있고, 작은곰자리와 황소자리가 일곱 개의 별로 이루어져 있고, 일곱 대천사가 있고, 달은 7일마다 모습이 달라지고, 어떤 질병이든 7일째 되는 날에 환자가 가장 큰 고비를 맞기 때문이라는 것이다. 교부라는 자들이 말하는 진정한 철학이란 바로 이런 것이었다. 다시 한번 말하지만, 이들은 플라톤보다도 키케로보다도 스스로를 우월하다고 생각했다. 그리스도교 교리들 중 대부분이 형성된 알렉산드리아에서, 관대한 로마인들 덕분에 그 옛날 광신적인 헛소리를 마음껏 지껄이던 그 변변찮은 현학자들을 오늘날에도 공경하고 숭배해야 하는가?

24장

이레네우스

이레네우스는 사실 지식인도 철학자도 변증가도 아니었다. 그는 거의 항상 유스티누스, 테르툴리아누스를 비롯한 다른 교부들이 이미 이야기한 것을 되풀이했을 뿐, 독창적인 사고를 제시한 적은 없었다. 다른 교부들과 마찬가지로 영혼은 가볍고 공기 같은 어떤 형체라고 생각했으며, 천상에서 지상으로 강림하는 새 예루살렘에 천년왕국의 시대가 도래하리라고 확신했다.

그의 책[20] 제5권 33장에서는 그 아름다운 도시에서 밀 한 알을 가지고 얼마나 많은 양의 밀가루를 만들어낼 수 있는지, 포도 한 송이로는 몇 개의 술통을 채울 수 있는지를 이야기한다. 또한 천년왕국이 끝날 때 적그리스도가 나타난다고 주장하고 있으며, 짐승의 숫자인 666

---

20 『이단논박(Adversus Haereses)』을 말한다.

이라는 숫자에 대해 기발한 설명을 덧붙인다. 여기서도 우리는 이레네우스가 다른 교부들과 조금도 다르지 않다는 사실을 고백하지 않을 수 없다.

그의 책에서 지금까지 거의 주목받지 못했지만, 매우 중요한 사실한 가지가 있는데, 그것은 복음서들을 통해 추정해볼 수 있듯이 예수가 31~33세가 아니라 만 50세에 죽었다는 그의 주장이다. 이레네우스는 자신의 주장을 뒷받침할 만한 근거를 복음서에서 찾는다. 그는 요한을 비롯한 사도들과 동시대를 살았던 모든 노인들을 증인으로 내세운다. 이레네우스는 증거 사실들을 열거하는 것 외에, 자신의 평소 습관과는 달리 명백한 논증을 덧붙이고 있다.

요한 복음서에서 예수는 이렇게 말한다.

'너희의 조상 아브라함은 내 날을 보리라는 희망에 차 있었고 과연 그날을 보고 기뻐하였다.' 유다인들은 이 말씀을 듣고 '당신이 아직 쉰 살도 못되었는데 아브라함을 보았단 말이오?' 하고 따지고 들었다.

(요한 8:56~57)

이레네우스는 여기서, 유대인들과 대화를 나누던 당시 예수는 50세에 조금 못 미치는 나이였으리라고 결론짓는다. 만일 예수가 30세 정도밖에 되지 않았다면, 그 유대인들이 50세라는 나이를 들먹이지 않았으리라는 것이다.

마지막으로 지적할 것은, 이레네우스가 모든 복음서와 그 책을 갖고 있던 모든 노인을 증인으로 내세웠는데, 그때의 복음서들은 오늘날 우리가 갖고 있는 복음서와 같은 책이 아니라는 점이다. 복음서들은 다른 수많은 책들이 그러했듯이 세월이 지나면서 변형되었다. 책이 변형되었다면, 좀 더 합리적인 모습으로 변형되지 않았겠는가?

25장

오리게네스의 삼위일체론

알렉산드리아의 클레멘스가 그리스도교인들 가운데 최초의 지식인이었다면, 오리게네스는 최초의 합리적인 논증가였다. 그렇다고 해도 그 시대의 철학이 어떤 수준이었겠는가!

오리게네스는 알렉산드리아 교리학교의 몇몇 신동 가운데 한 사람이었고, 어린 나이에 알렉산드리아라는 대도시에서 학생들을 가르치기 시작했다.

알렉산드리아에는 그리스도교인이 운영하는 공립학교가 있었다. 로마에는 그때까지도 교리학교가 없었다. 실제로 로마 주교라 불리는 자들 가운데 유명인은 단 한 사람도 없었다는 점은 주목할 만한 사실이다. 그 후에도 막강하고 자부심이 강했던 알렉산드리아 교회는 모든 이집트인과 그리스인들을 장악했다.

오리게네스의 철학에는 상당량의 광기가 내재되어 있었다. 실제로 그는 스스로 거세를 했다.[21] 에피파니오[22]가 쓴 글에 따르면, 알렉산드리아 총독이 그에게 어느 에티오피아인에게 가니메데스 노릇을 해주던지 이교 신들에게 희생 제물을 바치던지 둘 중 하나를 선택하라고 명했다. 오리게네스는 비열한 에티오피아인과 남색을 하는 일만은 피하려고 자신을 희생했다.

이런 연유로 스스로를 거세했는지, 아니면 다른 이유가 있었는지 판단하는 문제는, 환관의 역사를 연구하는 학자들에게 맡기겠다. 여기서는 '인간 정신의 우매함의 역사'를 논하는 데 머무르려 한다.

오리게네스는 유스티누스 이후 잊혀졌던 삼위일체라는 황당하고 그 뜻을 알 수 없는 교리를 다시금 유행시킨 최초의 인물이다. 이때부터 그리스도교인들은 대담하게도 마리아의 아들을 하느님, 성부로부터의 발출, 성부 하느님과 거의 동일한 존재로 보기 시작했다. 하지만 아직은 성령을 하느님으로 여기지는 않았다. 요한이 썼다는 서간문을 위조하고, 다음과 같이 황당무계하고 우스꽝스러운 발언을 끼워넣겠다는 발상 따위는 아직 하지 않았던 것이다.

하늘에서 증거하시는 이가 세 분이시니, 아버지와 말씀과 성령이시다.

세상의 창조주이신 하느님을 구성하는 세 개의 실체 혹은 세 위격

---

21 청빈, 금욕적인 생활을 보내며 그리스도의 말(마태오 19:12)을 문자 그대로 따라서 스스로 거세했다고 한다.

22 에피파니오(Epiphanius, 315~403) 살라미스(콘스탄티아)의 주교. 이단 척결을 위해 노력하였으며, 교리 해석을 둘러싸고 오리게네스를 공박하는 데 가담하였다.

에 대해 설명하고 있는 것인가? 아니면 그 세 분이 증거하고 있다는 사실을 말하고자 함인가? 다른 사본들에서는 발언의 수위가 이를 능가한다.

> 증언자가 셋 있습니다. 곧 성령과 물과 피인데 이 셋은 서로 일치합니다.
> (요한1서 5:7~8)

또 다른 사본에서는 "셋은 예수 안에서 하나다"라고 말한다. 사본마다 각기 다른 이 문구들을 가장 오래된 필사본들에서는 찾아볼 수 없다. 그리스도교 초기 3세기 동안의 교부들 중 이 문구를 인용한 사람은 아무도 없다. 그렇다면 이 조작된 문구를 용인한 자들은 도대체 무엇을 노렸던 걸까?

"성령과 물과 피가 삼위일체를 이루고 셋은 하나다"라고 주장하면서 그자들은 무얼 말하고자 했을까? 십자가에 매달린 예수가 물과 피를 흘렸고 성령을 되돌렸다는 성서 구절을 근거로 그런 생각을 하게 되었을까? 그렇다면 성령과 물과 피라는 세 가지 사물과 세 위격의 하느님 사이에는 대체 어떤 관계가 있다는 건가?

플라톤의 삼위일체 이론은 그와는 성질이 완전히 다른 것이었다. 이 이론에 대해 알려진 바는 거의 없지만, 그의 저서 『티마이오스Timaios』를 통해 어느 정도 추정해볼 수는 있다. 데미우르고스(우주의 창조자)는 세상에 존재하는 모든 것의 제1원인이다. 그의 이데아 원형은 제2원인이며, 그의 창조물인 우주적 영혼은 제3원인이다. 이러한 플라톤의 견해에는 어느 정도 의미가 있다. 신이 세상에 대한 어떤 관념(이데아)을 품고 있다가 세상을 만들었고, 그 세상에 혼을 불어넣어 '살아 있는 세계'를 창조했다는 것이다. 그러나 플라톤은 신이 세 위격으로 구성되어 있다고 말할 정도의 미치광이는 아니었다.

오리게네스는 플라톤주의자였다. 그는 플라톤에게서 자기 능력껏 모든 것을 취한 다음, 제멋대로 삼위일체라는 것을 고안해냈다. 그가 주장한 삼위일체론은 적어도 처음 몇 세기 동안에는 너무나도 애매모호한 것으로 인식되어, 콘스탄티누스 황제 시대에 모든 그리스도교인의 대표자로서 교회의 정통 신앙을 해설했을 뿐만 아니라 일상적으로 황제와 대면하는 궁정신학자였던 락탄티우스도 삼위일체에 대해 한마디도 하지 않았다. 그런데 그의 저서 『신학체계Divinae institutiones』 제4권 24장에서는 이렇게 말하고 있다.

우리가 성부와 성자 두 하느님이 계신다고 말하면서 어떻게 한 분 하느님만을 섬길 수 있는지 누군가 내게 물어볼지도 모르겠습니다. 하지만 우리는 두 분을 구분하지 않습니다. 성부는 성자 없이 존재할 수 없으며, 성자 역시 성부 없이 존재할 수 없기 때문입니다.

락탄티우스는 성령의 존재를 언급조차 하지 않는다. 그로부터 몇 년이 지난 뒤, 니케아 공의회에서도 성령에 관해서는 매우 형식적이고 무성의하게 언급했을 뿐이다. 공의회의 최종 결과물인 그 교리, 곧 "성자는 성부와 동질이다"라는 난해하고도 공식적인 선언문을 공포하고 난 뒤에 공의회 측은 "우리는 또한 성령을 믿는다"는 짤막한 문구를 덧붙였을 뿐, 다른 설명은 전혀 없었다.

오리게네스가 불화의 원천이었을 뿐, 윤리에는 아무런 도움이 안 되는 그 비현실적인 관념론의 토대를 처음으로 세운 사람임에는 분명하다. 또한 세 위격을 믿건 하나의 위격을 믿건, 그에 상관없이 누구나 성실하고 현명하고 절도 있는 자가 될 수 있을 테지만, 그 신학적인 발명품들은 우리가 반드시 지켜야 하는 의무와는 아무런 관계가 없다는 것 또한 분명하다.

오리게네스는 천사들과 모든 영혼이 그런 것처럼, 하느님께서 길고 호리호리한 몸매를 갖고 있을 것이라고 생각했다. 또한 성부 하느님과 성자 하느님은 서로 다른 두 실체라고 말하면서, 성부가 성자보다 더 크고, 성자는 성령보다 더 크고, 성령은 천사들보다 더 크다고 주장했다. 성부는 그 자체로 선하지만 성자는 그 자체로 선하지 않으며, 성자는 성부와의 관계에 의해 진리가 되지 못하지만, 우리와의 관계를 통해 진리의 이미지가 된다고 말했다. 그러므로 우리는 성자가 아니라 성부를 섬겨야 하며, 오직 성부에게만 기도를 바쳐야 한다고 말했다. 그리고 성자는 마리아의 품속에 있을 당시에는 하늘에서 가져온 육신이라는 옷을 입고 있다가, 하늘로 올라갈 때 그 육신을 태양에게로 던져놓고 떠났다고 말했다.

오리게네스는 동정녀 마리아가 하느님의 아들을 낳으면서 태반으로부터 완전히 벗어났다고 주장했다. 태반은 매우 불결한 것으로 여겨졌기 때문에 마리아는 유대 성전에서 몸을 정결하게 하는 의례를 치렀다. 오리게네스가 죽은 지 150여 년이 지난 뒤, 엄격하면서도 정열적인 히에로니무스는, 자신의 견해와 별로 다르지 않은 오리게네스의 주장을 신랄하게 비판했다. 초기 그리스도교인들은 교리를 만들기 시작하면서, 서로 험담과 욕설을 주고받는 일이 다반사였으며, 심지어 선전 포고를 하는 일까지 벌어졌다. 자신의 주장을 관철시킬 수만 있다면, 세상을 초토화시킬 수도 있을 전쟁마저 불사하겠다는 태세였다.

모든 성서적 사실들을 알레고리로 전환시키는 독특한 성서 해석 방식을 제시했다는 점에서, 오리게네스는 그 당시로서는 단연 돋보이는 신학자였다. 하지만 그 알레고리들이 너무 우스꽝스럽고 장난스러워 보인다는 점은 솔직히 고백해야 한다. 희생 제물로 쓰인 짐승의 기름은 예수 그리스도의 영혼이고, 짐승의 꼬리는 지속적인 선행을 나타낸다고 오리게네스는 말한다. 오리게네스의 기발한 성서 해석 한 가지를 예로 들어보자.

출애굽기 33장에서는 모세가 하느님의 얼굴이 아니라 엉덩이를 볼 수 있도록, 하느님께서 모세를 바위틈에 들어가게 했다는 이야기가 있다. 여기서 바위틈은 예수 그리스도를 가리키며, 그분을 통해 하느님 아버지께서 우리에게 당신의 뒷모습을 보여주신다는 것이다.[23]

교부들이 과연 어떤 사람들이었는지, 이성을 능욕한 가장 기괴스러운 건축물을 도대체 어떤 기반 위에 세웠는지, 이 두 가지 문제에 대해 지금까지 독자들에게 충분히 설명했으리라 믿는다. 그 '이성'은 우리 인간에게 이렇게 말한다.

종교는 분명하고 단순하고 보편적이며 누구나 이해할 수 있어야 한

---

23 이 이야기는 출애굽기 33장 21~23절에 나온다. "야훼께서 이르셨다. '여기 내 옆에 있는 바위 위에 서 있어라. 내 존엄한 모습이 지나갈 때, 너를 이 바위굴에 집어넣고 내가 다 지나가기까지 너를 내 손바닥으로 가리리라. 내가 손바닥을 떼면, 내 얼굴은 보지 못하겠지만 내 뒷모습만은 볼 수 있으리라.'"

다. 종교는 우리 모두를 위해 만들어진 것이기 때문이다. 그런 이성에 기반한 윤리는 교리 아래 짓눌려서는 안 되며, 불합리한 것에 의해 왜곡되어서도 안 된다. 이성은 예나 지금이나 한결같이 그 말을 고수하고 있지만, 광신은 이성보다 훨씬 더 큰 목소리를 냈다. 그런 광신이 얼마나 많은 폐해를 낳았는가?

26장

순교자들

무슨 까닭으로 로마인들은 그들의 종교를 수호하기 위해서라도 그 비천하고 가증스러운 유대인을 박해하지 않았을까? 왜 그들의 미신을 포기하도록 강요하지 않았으며, 그들의 예식과 율법을 용인했으며, 로마에 유대교회당을 허용했으며, 밀을 배급받는 시민으로 인정해주었을까? 그 비천한 유대인들에게 그토록 관대하고 너그럽던 로마인들이 무슨 까닭으로 3세기경부터 예수를 숭배하는 자들에게 훨씬 더 엄격하게 굴었을까? 옷감이나 미약媚藥 장사를 하던 유대인들에게는 로마제국의 종교를 없애야 한다는 광기어린 집착이 없었던 반면, 관용을 모르는 그리스도교인들은 그런 광기에 사로잡혀 있었기 때문이 아닐까?

실제로 3세기에 광신도 몇 명이 처벌을 받았다. 하지만 그 수가 얼마 되지 않았기에 로마 역사가들 중 아무도 이에 대해 언급하지 않았다. 베스파시아누스, 트라야누스, 하드리아누스 황제 시대[24]에는 폭동을 일으킨 유대인들이 혹독한 처벌을 받았는데, 이는 당연한 것이었다. 이들에게는 예루살렘이라는 작은 도시를 방문하는 것을 금지했다. 예루살렘은 예로부터 폭동의 본거지로 알려져 있었기 때문에 도시 이름이 폐기되기도 했다. 하지만 로마 시내나 로마제국의 모든 속주에서 어린이들을 대상으로 하는 할례는 허용되었다.

티베리우스 황제 시대[25]에는 로마에서 이시스교[26] 사제들이 처벌을 받았다. 이시스 신전은 성매매가 이루어지는 장터이자 협잡꾼들의 소굴이라는 이유로 해체되었다. 하지만 로마를 제외한 다른 지역에서는 이시스교 남녀 사제들이 자유롭게 활동할 수 있었다. 이들은 무리를 이루어 여러 도시를 순회하면서 행렬을 벌여도 아무런 처벌을 받지 않았다. 그들은 이적을 행하고, 병을 치료하고, 운수를 점치고, 악기를 들고 이시스 여신의 춤을 추었다. 아풀레이우스[27]의 저서에 이에 대해 상세히 묘사되어 있다. 그 행렬 행사는 지금까지도 흔적이 남아 있다.

이탈리아에는 아직도 옛 유랑민의 후손들이 남아 있는데, 이탈리

---

24 세 명의 황제가 재위하던 기간은 69~138년이었다.

25 재위 기간은 14~37년이었다.

26 이시스(Isis)는 고대 이집트 및 그리스·로마 등지에서 숭배되었던 최고의 여신이었다. 이 여신에 대한 신앙은 이집트 지역 밖으로까지 퍼져나가 이시스교로서 교단을 형성하고 독특한 신앙체계를 갖기에 이르렀다. 그리스인들은 이 여신을 데메테르, 헤라, 셀레네, 아프로디테 등과도 동일시하였다.

27 아풀레이우스(Apuleius, 123?~170?) 고대 로마의 수사학자, 소설가.

아에서는 이들을 '징가로'라 부른다. 우리 영국에서는 이집트인이라는 말을 줄여서 '집시'라 하고, 프랑스에서는 필자가 알기로는 '보헤미안'이라고 한다. 그 사람들과 유대인의 유일한 차이점은, 유대인은 인도의 바니아족처럼 상업에 종사하며 탄탄한 세력을 유지하고 있으나, 이시스 숭배자 무리들은 이제는 극소수밖에 남아 있지 않아 거의 소멸되어가고 있는 중이라는 점이다.

이시스 신도들이나 유대인에게 충분한 자유를 허용했던 로마 당국자들은 그 밖의 모든 종교들에게도 똑같이 대했다. 한 마디로 말해 로마에서는 온 세상의 모든 신들이 환영받았다.

지구상의 모든 신들은 로마 시민이 되었다. 다른 종교를 업신여길 만큼 광신적인 종파는 존재하지 않았으며, 모든 종교들이 평화로이 공존할 수 있었다.

그러나 오직 그리스도교만이 서기 2세기 말부터 로마제국의 모든 종교 행사를 없애고, 다른 모든 종교를 지배해야 할 뿐만 아니라 심지어 궤멸시켜야 한다고 공공연히 떠들어대기 시작했다. 그리스도교인들은 자신들의 하느님이 "질투하는 하느님"이라는 말을 여러 차례 되풀이했다. 하느님이라는 지극한 존재에 대한 무례하기 짝이 없는 정의가 아닐 수 없다! 수많은 악덕 중에서도 가장 비열한 악덕을 그분께 덮어씌우다니!

신도 모임에서 설교를 담당하는 열성 신자들이 광신도 집단을 형성했다. 그런 광신도 집단 속에, 이교 사제들을 모욕하고 공공질서를 해치고 법에 저촉되는 몰상식한 행동을 저지르는 미치광이들이 존재하는 것은 당연하다. 그런데 이와 비슷한 현상이 앞으로 유럽의 모든 과격한 종파들에게서도 나타난다. 앞으로 살펴보겠지만, 역대 로마 황제 치하에서 희생된 그리스도교 순교자들보다 훨씬 더 많은 수의 순교자, 다시 말해 우리 손에 희생된 수많은 순교자들이 여기서 나왔다.

시민들의 불평불만에 자극을 받은 로마 당국자들은 그들의 비열한 범법행위에 이따금씩 분노를 표출했다. 그래서 범죄 사실이 명확하게 규명되지 않은 상태에서 몇몇 여성을 사형에 처하는 일이 벌어지기도 했다. 그렇다고 해도 누가 감히 로마인들이 너무 가혹하게 굴었다고 비난할 수 있을까? 로마군의 백인대장이었던 그리스도교인 마르첼루스는 차고 있던 혁대와 지휘봉을 로마제국의 깃발들 속으로 내던지며 선동적인 목소리로 이렇게 소리쳤다.

나는 영원한 왕이신 예수 그리스도만을 섬기겠습니다. 이제는 더 이상 황제를 섬기지 않겠습니다.

이 세상의 어느 군대에서 군 지휘관의 이렇게 위험천만하고 반역적인 언동을 아무런 처벌도 하지 않고 내버려둘 수 있겠는가? 필자가 국방대신이었다면 이런 일만큼은 결코 그냥 보아 넘기지 않았을 것이다. 말보로 공작[28]이라고 해도 마찬가지였으리라.

아르메니아의 귀족 폴리윅트가, 전쟁에서 승리를 거둔 것에 대해 신전에서 신에게 감사드리는 행사를 거행하는 날에, 국교의 신상을 파괴

---

28 말보로 공작(John Churchill Marlborough, 1650~1722) 영국의 장군이자 정치인

하고 향을 내던졌다[29]는 게 사실이라면, 이것은 미치광이가 저지른 국가를 모독하는 중대한 범죄행위가 아니고 무엇인가?

부제副祭 라우렌시오[30]는 시 재정에 쓰일 기부금을 내라는 로마 총독의 명령을 거부하고, 교회 재산의 일부분을 내놓겠다고 약속하고는 재물 대신에 거렁뱅이 몇 사람을 총독에게 데려갔다. 이는 명백히 황제를 모욕하는 행위이며, 국가에 대한 대역죄에 해당하는 행위가 아닌가? 라우렌시오를 불에 구워 죽이려고 다리 여섯 달린 화형용 석쇠를 제작하게 했다고 하는데, 정말로 그랬는지 매우 의심스럽다. 어쨌든 라우렌시오는 처벌받아 마땅한 죄를 저질렀다는 것만은 분명하다.

---

29 폴리왹트(Polyeucte)는 1643년에 초연된 작가 피에르 코르네이유의 5막으로 된 비극이다. 로마의 그리스도교 박해가 행해지던 250년 아르메니아의 멜리테느에서 참수된 성 폴리왹트 성인의 전설에서 영감을 얻어서 구성한 종교극이다. 로마령 아르메니아의 귀족 폴리왹트는 친구의 권고에 따라 그리스도교로 개종한다. 그는 자신의 신앙을 증명하기 위해 국교(國敎)의 신상(神像)을 파괴했다는 이유로 체포되어 순교한다는 내용이다.

30 라우렌시오(Laurentius, 225~258) 로마의 순교자로 로마의 7명의 부제 중 한 사람. 불쌍한 이들이 모두 교회의 재물이요 보화라고 말하였다가 총독의 노여움을 사 뜨거운 철망 위에서 죽었다. 초기 성인전에 따르면, 그는 스페인 출신으로 교황의 부름을 받아 로마로 와서 부제가 되었는데, 맡은 일은 가난한 사람들에게 물건을 나누어 주는 것이었다고 한다. 집정관이 교회의 물건을 탐냈으나 그는 계속해서 교회의 물건을 가난한 사람들에게만 나누어 주었다. 집정관이 교회의 보물을 달라고 요구하자 라우렌시오는 가난한 사람들을 모아 집정관 앞으로 데리고 가서 이들이 바로 교회의 진정한 보물이라고 말했다. 그는 체포되어 뜨거운 석쇠 위에서 고문을 받았다. 라우렌시오는 고문을 지켜보던 로마 황제에게 "보아라. 한쪽은 잘 구워졌으니 다른쪽도 잘 구워서 먹어라!"고 말했다고 전해진다.

과장법을 좋아하는 니사의 그레고리우스[31]는, 헤로스트라투스가 디아나 신전을 불태웠던 것처럼 아마세아에서 키벨레 여신의 신전을 불태우려 했던 성 테오도루스를 찬양했다. 그 후 가장 큰 형벌을 받아 마땅한 성소 방화범를 성인 반열에 올려놓았다. 극형으로 다스려야 할 자가 오늘날까지도 우리 그리스도교인의 숭배 대상이 되고 있다.

수세기 동안 숱한 저술가들이 여기저기서 베껴 쓰고 인용했던 순교 이야기들은 『황금전설Legenda aurea』[32]에 수록된 이야기들과도 너무 비슷한 나머지, 이제는 감동은커녕 식상할 지경이다.

초기 순교 이야기들 중에 페르페투아와 펠리치타라는 두 여성의 일화가 있다. 페르페투아는 꿈에서 하늘로 오르는 황금 사다리를 보았다.(야곱이 본 것은 나무 사다리였다. 새로운 율법이 우월하다는 점을 보여주는 것으로 해석했다.) 페르페투아가 사다리를 타고 올라가 보니, 어느 동산에서 얼굴이 하얗고 키가 큰 양치기가 양젖을 짜고 있었다. 양치기는 그녀에게 걸쭉하게 응고시킨 우유 한 숟가락을 주었다. 페르페투아는 비슷한 환시를 서너 차례 보았다. 그로부터 얼마 후, 페르페투아와 펠리

---

31 그레고리우스(Gregorius, 335?~394) 카파도키아 3대 교부 중 한 사람으로, 정통신앙의 수호자. 카에사레아의 대주교이던 형의 권유로 371년 니사의 주교가 되었다. 정통신앙을 수호한 공적이 크며, 본질과 기질과의 신학적 차이를 규정지어 삼위일체론 확립에 공헌하였다.

32 중세 유럽에서 가장 널리 유포된 성인전(聖人傳). 편저자는 이탈리아 제노바의 대주교 야코부스 데 보라지네(1228?~1298)로 전해지며, 처음에는 『성인 이야기(Legenda sanctorum)』라고 명명되었으나 신앙을 두터이 하고 넓히는 데 도움이 되었기 때문에 '황금'이라는 이름을 붙였다. 여러 이본(異本)이 있으나 그레세편(드레스덴, 라이프치히 초판, 1846)이 가장 권위가 있다.

치타는 곰과 황소를 풀어놓은 원형경기장에서 죽음을 맞았다.

뤼나르라는 프랑스 출신 베네딕트회 사제는 우리의 신학자 도드웰[33]에 필적할 만한 일을 해보겠다고 결심하여, 그가 "신실한 행위"라고 부른 순교 사례들을 수집했다.[34] 뤼나르는 사건이 일어난 지 330년이 지난 뒤에 유세비우스의 『교회사』에 수록된 예수의 형 야고보의 순교를 가장 먼저 이야기한다.

여기서 예수라는 신에게 남자 형제들이 있었다는 사실에 주목하자. 예수의 형 야고보는 신심이 깊은 유대인이었다. 그는 성령 강림 이후에도 계속해서 유대교 회당에서 기도하고 제물을 바쳤다. 따라서 그는 그리스도교인이 아니었다. 유대인들은 그를 의인義人 오블라라고 불렀으며, 그에게 회당의 설교단에 올라가서 예수가 사기꾼임을 공개적으로 선언하라고 요구했다. 유대인들은 예수의 형제에게 그런 부탁을 했을 정도로 우둔한 자들이었다. 야고보는 이에 굴하지 않고 연단에 올라가 자기 동생이 세상을 구원하러온 구세주라고 선언했고, 결국 그들이 던진 돌에 맞아 죽었다.

그렇게나 많은 순교 사례들을 통해 도대체 무엇을 말하고자 했을까? 이그나시우스가 트라야누스 황제와 대화를 나눴다는 일화(황제는 그에게 "불경한 자여, 그대는 누구인가?"라고 물었다고 한다), 집안의 수호신들

---

33 도드웰(Henry Dodwell. 1644~1711) 영국의 신학자, 작가
34 뤼나르(Dom Thierry Ruinard, 1657~1709)는 이렇게 수집한 자료로 『순교자 열전(Les Veritables Actes Des Martyrs)』을 썼다.

에 의해 하드리아누스 황제에게 고발당했다는 여성 복자 심포로사, 장작의 불길도 감히 그의 몸에 옮겨 붙지 못했으나 칼날은 피할 수 없었다는 폴리카르푸스, 열병을 앓던 어느 귀족을 낫게 해주었다는 성녀 에피포드의 구두, 어린 학생들에게 얻어맞았다는 학교 교사 출신의 성 카시아누스, 알렉산드리아 총독과 잠자리를 거부했다는 이유로 세 시간 동안이나 펄펄 끓는 송진 항아리 속에 들어가 있었지만 항아리에서 나온 그녀의 피부는 오히려 백옥같이 새하얗고 매끄러웠다는 포타미엔 성녀, 화염 속에서도 무사할 수 있었으나, 어떻게 죽었는지는 모르겠지만 결국 죽음을 당했다는 피오니우스, 디오클레티아누스 황제 앞에서 희극 공연을 하면서 그리스도교인이 되었으나, 그 황제가 그리스도교인에게 가장 큰 혜택을 베풀었던 시기에 형을 선고받고 처형되었다는 희극 배우 제네시오, 바가우다이[35] 폭동을 진압하기 위해 동방에서 서방으로 파견된 테베 군단(하지만 그때는 이미 폭동이 진압된 뒤였다. 게다가 군단이 전멸했다는 시기에는 순교 사례가 전혀 없으며, 그 장소도 400여 명이 전투를 벌일 수 있을 만한 곳이 아니었다.) ……. 순교 사례들을 더 나열해봐야 독자들을 지루하게 할 뿐이다. 그렇지만 가장 많이 알려진 순교 이야기들 중 몇 개를 간단히 살펴보는 것도 괜찮을 듯하다.

비록 신원이 불분명하긴 하지만 닐루스Nilus라는 인물은 자신의 친구인 성 테오도투스(본래 주막집 주인이었다)가 온갖 종류의 이적을 마음대로 행하는 것을 직접 목격하였다고 진술한다. 물을 포도주로 바꿔

---

35 바가우다이(Bacaudae) 3~5세기 로마에 항거 봉기한 농민 반란 집단

놓았으며, 그중에서도 손끝으로 병자를 치료하는 것을 가장 좋아했다고 한다.

어느 날, 테오도투스는 들판에서 안키라라는 도시의 어느 주임신부와 우연히 마주쳤다. 두 사람은 그리스도교인이 박해로 고통 받는 그 시대에, 들판에 작은 성당을 지으면 좋겠다는 생각을 하게 되었다. 사제는 "저도 동의합니다. 그런데 성당을 지으려면 성유골이 필요합니다"라고 말했다. 그러자 테오도투스가 대답했다. "당장 성유골을 구해 오겠습니다. 제 약속에 대한 담보물로 이 반지를 맡기겠습니다." 그만큼 테오도투스는 자신이 있었다.

그로부터 얼마 후, 안키라에서는 일곱 명의 일흔 살 먹은 그리스도교인 동정녀들이 형을 선고받는 일이 있었다. 노파들이 감수해야할 형벌이란 그 도시 청년들의 난폭한 욕망의 희생물로 제공되는 것이었다. 그 동정녀들은 얼굴이 온통 주름투성이였다고 『황금전설』의 저자는 강조하고 있다. 청년들은 노파들에게 접근조차 하지 않았으나, 그중 한 사람이 무슨 까닭인지 모험을 감행하다가 이내 싫증을 내고 포기했다. 이렇게 하여 일곱 노파가 자연스레 형벌을 면하게 되자, 분을 참지 못한 총독은 노파들을 디아나 여신[36]을 섬기는 여제관으로 삼아버렸다. 그리스도교인 동정녀들은 아무런 저항 없이 이를 수락했다.

노파들은 가까운 호수에 가서 디아나 여신상을 씻어오는 일을 맡

---

[36] 디아나(Diana) 로마 신화에 등장하는 사냥의 여신으로, 야생동물과 숲, 달을 관장한다. 그리스 신화의 아르테미스에 해당한다.

게 되었다. 그들은 알몸인 채로 맡은 일을 수행했다. 관례상 알몸인 동정녀들만이 순결한 디아나 여신을 모실 수 있었기 때문이었다. 티르소스(바쿠스의 지팡이)를 든 메나드(바쿠스 신의 무녀)와 바칸테(바쿠스의 여제관)들로 이루어진 두 합창대를 앞세우고 디아나 여신상을 실은 마차가 뒤따랐다고 저자는 상세히 기록하고 있다. 하지만 저자는 디아나를 바쿠스와 혼동하고 있다. 그렇지만 어쩌겠는가? 저자는 자신이 직접 목격한 것이라고 호언장담하고 있지 않은가!

성 테오도투스는 일곱 동정녀가 어떤 유혹에도 굴복하지 않았다는 소식을 듣고 덜컥 겁이 났다. 그가 기도를 드리고 있을 때, 아내가 찾아와서 방금 전에 사람들이 몰려가 일곱 동정녀를 호수에 쳐 넣어버렸다는 소식을 알려주었다. 테오도투스는 그런 식으로라도 동정녀들의 순결을 지켜주신 하느님께 감사 기도를 올렸다.

총독은 그리스도교인들이 물 위를 걸어가서 동정녀들의 시신을 건져 올릴까봐 보초병을 세워 호수 주위를 지키게 했다. 테오도투스는 다시 절망에 빠졌다. 그는 성당들을 순회했다. 그 끔찍한 박해 시대에는 곳곳에 성당이 들어서 있었다. 그러나 교활한 이교도들은 모든 성당 문을 잠가버렸다. 테오도투스는 하는 수 없이 잠이나 자기로 했다. 잠이 들자마자 노파들 중 한 사람이 꿈에 나타났다. 그런데 꿈에 나타난 사람은 뜻밖에도 성녀 테쿠사였다. 성녀가 말했다. "사랑하는 테오도투스여, 우리들의 육신이 물고기들에게 뜯어 먹히도록 그냥 내버려둘 작정인가요?"

잠에서 깬 테오도투스는 목숨을 걸고 물속에 가라앉은 성녀들의 시신을 건져 올리기로 결심했다. 사흘이 지난 뒤, 다시 말해 물고기들이 다 뜯어 먹을 수 있을 만큼 충분한 시간을 보내고 난 뒤에야 그는 한밤중에 용감한 그리스도교인 두 사람과 함께 호수로 달려갔다.

천상의 기사가 앞장섰다. 보초병들에게 들키지 않도록 커다란 횃불을 앞세우고 달려갔다. 기사가 창을 들고 보초병들에게 달려들자 그들은 겁을 먹고 도망쳤다. 그 기사는 다름 아닌 테오도투스의 오래된 친구로 얼마 전에 순교한 소치안드레 성인이었다. 놀라운 일은 그것만이 아니었다. 천둥과 번개, 그리고 엄청난 양의 폭우를 동반한 사나운 폭풍이 갑자기 몰아치자, 삽시간에 호수물이 말라붙고 호수가 바닥을 드러낸 것이다. 그들은 일곱 동정녀의 시신을 건져 올렸고, 격식을 갖추어 매장했다.

테오도투스의 범법 행위는 곧 발각되었다. 그가 매질과 고문을 당했지만, 천상의 기사는 손을 써볼 수도 없었다. 매질을 당하는 동안, 테오도투스는 그리스도교인과 우상숭배자들에게 소리쳤다.

친구들이여, 보고 있나요? 우리 주 예수가 당신의 종들에게 얼마나 큰 은총을 내려주시는지를! 피부가 다 벗겨질 때까지 매질을 당하도록 내버려두시지만, 그와 동시에 모든 것을 견뎌낼 수 있는 힘을 주시는 것을!

결국 그는 교수형을 당했다.

친구인 주임신부 프론트는 성인이 본래 주막집 주인이라는 사실을 다시 한번 일깨워준다. 예전에 테오도투스에게서 받은 좋은 포도주 몇 병을 가져가서 보초병들에게 만취할 때까지 먹인 다음, 죽어가는 테오도투스를 몰래 빼내왔던 것이다. 테오도투스가 사제에게 말했다.

"신부님, 반드시 성유골을 구해오겠다고 약속했었죠? 저는 약속을 지켰습니다."

이 놀라운 이야기는 사실임이 입증된 순교 사례들 중 하나다. 예수회의 볼란두스와 베네딕트회의 뤼나르가 증언하고 있는데, 누가 감히 의심할 수 있겠는가?

늙은 동정녀들의 이야기는 필자가 좋아하는 부류의 이야기가 아니다. 그래서 이 이야기는 여기서 그만두려 한다. 타인에게 불관용하거나 국가를 모독하는 오만방자한 반란자들이 언제나 존재했듯이, 각 시대마다 처형당하는 그리스도교인들이 있었다는 사실은 필자도 인정한다. 그들은 순교자라는 영예를 획득했으며, 순교자로 불릴 만했다. 필자가 한탄스럽게 생각하는 것은, 비국교도들의 꼬임에 넘어간 우매한 여자들이다. 비국교도들은 무지하고 나약한 여자들을 꼬여내어 마음대로 이용하고 급기야 광신도로 만들었다. 그런 여자들 중 몇 사람에게 사형 선고를 내린 재판관들도 야만스럽기는 마찬가지였다.

다행스럽게도 그리스도교인이 처형당한 사례는 그리 많지 않았다. 우리가 오래 전부터 행해온 잔혹 행위를, 이교도들은 광신적인 그리스도교인들에게 거의 행사하지 않았다. 필자가 짐작하기로는, 교회가 저지른 치욕스러운 학살 행위를 정당화하려고, 특히 교황주의자들이 그리스도교 초기 몇 세기 동안에 있었다는 그 많은 순교 이야기를 위조해낸 것 같다.

초기 그리스도교인에 대한 대규모 학살이 벌어진 적이 없다는 결정적인 증거 한 가지는, 그리스도교의 중심지이자 본거지인 알렉산드리아에 리케이온, 포르티코, 아테네 학당 같은 개방적이고 공개적인 교리학교가 늘 존재했다는 점이다. 여기서는 유명한 그리스도교 교수들이 학풍을 이어나갔다. 간혹 사도 마르코와 혼동을 일으키는 마르쿠스, 그리고 그의 뒤를 판타이노스가 이었고, 그다음은 알렉산드리아의 클레멘스, 그 뒤로는 오리게네스가 강단을 차지하여 수많은 제자를 길러냈다. 이들이 궤변을 늘어놓는 것으로 만족했다면, 평화롭게 지낼 수 있었다. 하지만 법률이나 공공 치안에 위해가 되는 언행을 하면 당연히 처벌받았다. 특히 데키우스 황제 치하에서 탄압이 행해졌다. 이때에는 심지어 오리게네스도 투옥되었다.

카르타고의 주교 키프리아누스는 그리스도교인 스스로가 박해를 자초하는 측면이 없지 않다고 고백하기도 했다. 그는 저서 『배교자들에 관하여De lapsis』에서 이렇게 말했다.

모두가 마치 걸신들린 듯이 재물과 명예를 뒤쫓는다. 주교들에게는 신앙이 없고, 여자들에게는 정숙함이 없다. 기만행위가 일상화된 지 오래다. 쉽게 약속을 하고 약속을 깨뜨리는 경우가 다반사다. 적대감이 그리스도교인들을 분열시키고, 주교들은 강단을 버리고 장터를 전전하며 장사로 부를 쌓는 일에 열중한다. 결국 우리 그리스도교인은 우리 자신만 만족할 뿐, 남들에게는 역겨움과 불쾌감을 줄 뿐이다.

그리스도교인들은 로마제국의 종교 지지자들과 격렬한 싸움을 벌였고(이 싸움에는 당연히 이해관계가 개입되었다), 그 싸움들은 대부분 극심한 혼란을 야기했으며, 결국 그리스도교인들에게 박해의 회오리가 몰아닥쳤다는 것은 어찌 보면 당연한 일이었다. 저명한 법학자이자 황제

의 법률 고문이었던 울피아누스[37]는 그리스도교를 언젠가 로마제국의
몰락에 한몫을 하게 될 매우 위험한 종파로 보았는데, 앞으로 이 판단
이 틀리지 않았음이 확실하게 증명된다.

---

37 울피아누스(Ulpianus, 170?~228) 페니키아 출신의 고대 로마의 법학자다. 세베루스
    알렉산데르 황제시기에 등용되어 로마법=울피아누스라고 할 만큼 많은 업적을 남
    겼다.

27장

기적

구약성서에 나오는 동방의 이적 사례들, 그리고 악마에게 이끌려 산 꼭대기 위로 올라갔던 하느님께서 다시 지상으로 내려와 물 항아리를 포도주 항아리로 바꿔놓으시고, 겨울이 끝나갈 무렵에 열매를 맺지 않았다는 이유로 무화과나무를 말라죽게 하시고, 악마들을 2천 마리나 되는 돼지들의 몸속으로 쫓아버리셨다는 신약성서의 기적적인 일화들. 이처럼 놀라운 일들을 보고 난 뒤, 후대 사람들이 선조를 모방하여 비슷한 이적을 행하였다고 해도 새삼스럽게 놀라워할 필요가 없으리라.

시몬 베드로 바르요나는 옷을 짓는 여인 도르가를 소생시켰다.(사도행전 9:36~43) 이는 신도들의 옷을 무료로 수선해주었다는 그 여인을 위한 최소한의 배려였다. 그런데 사도들에게 전 재산을 헌납하지 않았다고 해서 무고한 두 사람, 곧 아나니아와 그의 아내 삽피라를 즉사(사도행전 5:1~11)시킨 시몬 베드로 바르요나를 필자는 도저히 묵과할 수 없다. 이들이 저질렀다는 범죄 행위란 생활비로 써야 할 돈을 남겨두었다는 게 전부였다.

오, 베드로여! 사리사욕이 없다는 사도들이여! 그대들은 추종자들에게 재산을 모두 바쳐야 한다고 이미 설득하기라도 했는가? 대체 무슨 권리로 한 가정의 전 재산을 강탈하는가? 그것이 바로 그대들의 종파 내에서 행해지는 강탈, 처벌받아 마땅한 강탈의 첫 번째 사례가 아닌가? 지금 당장 런던으로 와서 똑같은 수작을 부려보시기를!

삽피라와 아나니아의 후손들이 과연 그대들에게 재산을 순순히 내놓을까? 법정에서 배심원들이 과연 그대들에게 무죄 판결을 내려줄까? 그대들은 이렇게 말할 것이다. "하지만 그들은 돈을 기꺼이 내주었잖소?" 그렇지만 그대들은 돈을 빼앗으려고 그 사람들을 꼬여내지 않았는가? 그대들은 또 이렇게 항변할 것이다. "그들은 재산의 일부를 몰래 빼돌리지 않았습니까?" 비열한 강도들 같으니! 굶어죽지 않으려고 재산의 일부를 남겨두었다는 게 어찌 죄가 된단 말이오? 그 사람들이 거짓말을 했다고 했나요? 그럼 그대들에게 비밀을 다 털어놓아야 한다는 법이라도 있소? 만일 어떤 사기꾼이 내게 와서 "돈 가진 거 있소?"라고 물으면, 나는 틀림없이 "돈 한 푼 없어요"라고 대답할 거요.

간단히 말해, 시몬 베드로의 이 이야기는 기적 모음집에 수록된 것들 중에서도 가장 끔찍하고 혐오스러운 이적 사례다. 그 후에 행해진 이적들 중에서도 그에 필적할 만한 것을 찾아보기 어렵다. 만일 이 이야기가 실제로 일어난 것이라면, 사실로 입증된 이적 사례들 중 가장 끔찍한 것이리라.

언어 능력을 타고났다는 것은 분명 축복받은 일이다. 상식을 갖추었다면 그보다 더 축복받은 일이다. 교부들은 대부분 수다스러웠으므로 적어도 천부적인 언어 능력은 갖고 있었다. 하지만 교부들 중에서 히브리어 구사 능력이 있는 사람은 오리게네스와 히에로니무스뿐이었다. 아우구스티누스, 암브로시우스[38], 요한 크리소스토무스는 히브리어를 한 마디도 알지 못했다.

머리가 잘려나가는 긴박한 상황에서 최후의 이적을 행사했다는 순교자들의 이적 사례를 우리는 앞에서도 살펴보았다. 오리게네스는 그의 저서 『켈수스를 논박함』 제1권에서 그리스도교인이 환시를 보았다는 이야기를 하고 있지만, 죽은 자를 살려냈다는 이야기는 없다.

그리스도교 초기 몇 세기 동안에는 늘 놀라운 일들이 벌어졌다. 예를 들어, 에페소스에 묻힌 성 요한은 무덤 속에서 계속해서 몸을 뒤척였다. 이 유익한 기적은 히포의 주교 아우구스티누스 시대까지 지속되었다. 예언이나 악마 퇴치 같은 사례들도 꾸준히 나타났다. 심지어 루키아누스도 이에 대해 증언한다. 자청해서 불길 속으로 몸을 던진 그리스도교인 페레그리누스의 죽음에 대해 이야기하면서, 그는 위선이나 허영에서 벗어나 진실된 것으로 돌아갈 것을 권고한다.

만일 주사위놀이에 능한 자가 그리스도교인이 된다면, 우매한 광신도들을

---

38 암브로시우스(Ambrosius, 340?~397) 4세기에 활동한 4대 교부 중 한 사람으로서 법률가이자 밀라노의 주교. 니케아 정통파의 입장에 서서 교회의 권위와 자유를 수호하는 데 노력하여 신앙과 전례 활동의 실천 등에 크게 공헌했다.

구워삶아 틀림없이 큰돈을 벌 수 있을 것이다.

그리스도교인들은 날마다 기적을 행사했지만, 로마인들 중에서 그런 소문을 들은 사람은 아무도 없었다. "기적 행사자" 혹은 "경이로운 자"라는 별명이 붙은 그레고리우스[39]는 정말로 이름값을 했다. 한번은 풍채가 좋은 노인이 하늘에서 내려와 신도들에게 가르치라고 당부하며 그에게 교리문답을 일러주었다. 또 그레고리우스는 악마에게 편지를 써 보낸다. 편지는 정확히 악마에게 도착했고, 악마는 그레고리우스가 부탁한 것을 들어주었다.

두 형제가 연못을 서로 갖겠다고 하며 다투고 있었다. 그레고리우스는 분란의 원인을 아예 없애려고 연못을 사라지게 했다. 그레고리우스는 우연히 만난 숯 굽는 사람을 주교로 만들었다. '단순한 사람의 소박한 신념'이라는 뜻을 가진 '숯 굽는 자의 신앙'이라는 속담은 이때 생겨난 듯하다.[40] 어쨌든 이 정도의 이적은 그리 대단한 게 아니다. 필자는 여러 곳을 여행하는 동안 그레고리우스가 만났다는 숯 굽는 이

---

39 그레고리우스 타우마투르구스(Gregoirus Thaumaturgus, 213?~270?) 그리스의 교부. 팔레스타인의 체사레아에서 오리게네스의 제자가 되면서 그리스도인이 되었다. 이후 네오체사레아의 주교가 되어 오리게네스 신학에 따라서 바울파 등의 이단과 싸웠으며, 카파도키아 지방의 선교에 공헌하였다. 타우마투르구스는 '기적을 행하는 자'라는 뜻으로, 그리스도 전파 과정에서 여러 가지 놀라울 만한 기적을 행하였다는 후대의 전승에 따른 것이다.

40 네오체사레아의 주교인 그레고리우스가 코마나 교구의 주교를 선출하지 못하던 중 숯을 구워 파는 알렉산데르를 만났는데, 그는 좋은 가문 출신에 깊은 신앙심이 있어 주교로 선출하였다는 것이다.

보다도 무지한 주교도 여럿 보았기 때문이다. 다음과 같은 사례라면 희귀한 이적이라 해도 좋을 듯하다.

그레고리우스가 부제와 함께 길을 걷고 있는데, 이교도들이 해를 끼칠 요량으로 뒤쫓아왔다. 두 사람은 나무로 변신하여 화를 면했다. 기적 행사자 그레고리우스는 프로메테우스와도 같은 변신술의 귀재였던 듯하다. 그런데 그런 황당무계한 이야기들을 기록하여 후세에 전하는 자들은 뭐라고 불러야 할까? 플뢰리 신부[41]가 자신이 쓴『교회사Histoire ecclésiastique』에 그런 이야기를 수록했다는 것을 어떻게 이해해야 할까? 어느 정도 양식이 있으며 다른 주제들에 관해서는 합리적으로 논증할 줄 아는 자가, 박해 시대에 놀라의 성 펠릭스[42]가 발각되는 일을 막으려고 하느님께서 한 노파를 미치광이로 만들었다는 이야기를 진지하게 기록하고 있다는 사실을 어떻게 받아들여야 할까?

플뢰리는 단지 이야기를 전달하고 있을 뿐이라고 누군가는 내게 대답할지도 모른다. 그렇다면 나는, 신을 모독하는 허황된 이야기는 전달해서도 안 되고, 자신도 믿지도 않으면서 남에게 전달하는 것은 잘못된 행동이며, 만일에 그런 이야기를 믿었다면 확실히 그는 우매한 자였다고 자신 있게 대답할 것이다.

---

41 플뢰리(Claude Fleury, 1640~1723) 프랑스의 사제, 루이 14세의 고해신부
42 놀라의 성 펠릭스(St. Felix of Nola) 3세기 경 이탈리아 캄파니아 놀라 출신의 사제. 박해를 피하는 과정에서 여러 가지 기적이 일어났다고 한다.

IV

28장

디오클레티아누스 시대에서
콘스탄티누스 시대까지의 그리스도교인

그리스도교인들은 박해받기보다는 관용의 혜택과 심지어 보호를 받는 경우가 더 많았다. 디오클레티아누스 황제가 통치하던 18년(286~305) 동안은 그들에게 평화와 특혜의 시기였다. 궁정 관리로서 요직을 맡고 있었던 고리고니우스와 도로테우스는 그리스도교 신자였다. 공공 기관의 관리가 되기 위해서는 로마제국의 신들에게 제물을 바쳐야 한다는 의무 사항도 사라졌다. 디오클레티아누스의 아내인 프리스카도 그리스도교 신자였다. 이처럼 그리스도교인들은 여러 가지 특혜를 누리고 있었다.

초기 몇 세기 동안에는 하느님께 바치는 성전이나 제단을 세워서는 안 된다고 주장하던 그리스도교인들은 호화로운 성전을 짓기 시작했다. 처음에는 소박하고 초라해서 눈에 잘 띄지도 않던 교회당은 점차 화려하고 웅장한 건축물로 변모해갔다. 교회당 내부는 금으로 된 집기들과 화려한 장식품으로 가득 채웠다. 그리스도교 성전들 중 일부는 폐허가 된 옛 이교 건축물의 잔해 위에 세워졌다. 니코메디아(오늘날의 터키 이즈미트)에 있던 그리스도교 성전은 그 규모가 황제의 궁궐을 압도할 정도였다. 니코메디아의 주교 유세비우스가 지적했던 대로 그리스도교인의 번영은 오만함과 나태함, 나약함과 무기력증, 그리고 도덕적인 타락을 낳고 있었다. 유세비우스는 시기심과 중상, 불화와 반목, 폭동과 소요 외에는 아무것도 보이지 않는다고 말했다.

이러한 그리스도교인의 '반란' 성향은 급기야 갈레리우스 막시미아누스 부제副帝(카이사르)에게 인내심을 잃게 했다. 디오클레티아누스 황제가 마니교Manichaeism[1]를 탄압하기 위한 칙령을 공포한 지 얼마 지나지 않았을 때, 그리스도교인들이 부제 갈레리우스의 심기를 건드리는 일이 있었던 것이다. 칙령의 서두는 다음과 같았다.

---

1 3세기에 페르시아 사산 왕조(226~651) 시대에 마니(Manes)가 창시한 이원론적 영지주의 종교. 그리스도교 혹은 조로아스터교의 이단으로 여겨지기도 했으나 일관된 교리와 엄격한 제도, 조직을 갖춘 하나의 종교로 자리 잡았다. 마니교는 선신과 악신의 두 신을 숭배하며, 현세는 선과 악의 두 세계가 공존하나 종말에는 선신이 승리하고 선한 세상이 온다는 사상을 믿었다. 경전으로는 마니가 죽기 전에 유언한 것을 기록으로 남긴 일곱 권의 책이 있는데, 육식과 음주, 육체를 더럽히는 욕정을 금하는 등 계율이 엄격했다. 3~7세기에 융성하였으며 절정기에는 가장 널리 퍼진 세계 종교 중 하나였다. 마니교의 전파와 번성은 다른 종교에게 위협으로 여겨져 여러 종교문화권에서 박해를 받았다. 한때는 중앙아시아를 비롯하여 로마제국에까지 영향을 끼치는 등 교세가 막강했으나 1209년 유럽(남프랑스)에서 일어난 이단 박멸 운동으로 서서히 쇠퇴하기 시작하여 1244년에는 거의 소멸되었다. 그러나 이탈리아에서는 15세기까지도 지속되었다.

얼마 전부터 페르시아에서 유입된 마니교도들이 우리 영토 안으로 물밀 듯이 들어오고 있다는 사실을 알게 되었다.

사실 그때까지 마니교도들이 분란을 일으킨 적은 없었다. 이들은 알렉산드리아와 북아프리카에 다수가 들어와 있었다. 하지만 마니교 도들은 그리스도교인과 분란을 일으켰을 뿐, 로마의 전통 종교와 마 니교 사이에는 분쟁이 전혀 없었다. 이와는 대조적으로 그리스도교 의 다양한 분파들, 곧 그노시스파(영지주의자들), 마르키온파, 발렌티누 스파, 에비온파, 갈릴리파 등 이 종파들은 서로 간에도 알력이 있었 을 뿐만 아니라 로마 종교를 적대시했으며, 로마제국 내에 혼란을 확 산시켰다.

그런데 여기서 로마 황제를 부추겨 마니교를 탄압하기 위한 칙령을 내리게 할 수 있을 만큼 그리스도교인들이 궁정에 행사할 수 있는 영 향력이 적지 않았다고 가정해볼 수는 없을까? 옛 페르시아 점성술사 들의 종교와 그리스도교가 혼합되어 탄생[2]한 마니교는, 역시 탄생된 지 얼마 되지 않는 그리스도교 교회에, 특히 동방에서 매우 위협적이 었다. 동방 세계의 신성성을 그리스도교에 결합시켰다는 사고 자체가

---

2 마니교는 조로아스트교에서 파생되었으며, 불교와 그리스도교를 가미한 일종의 그 리스도교 이단 종파라는 시각이 있었다. 그러나 20세기 초 중국 투루판 지역의 마니 교 수도원에서 방대한 양의 문서가 발견되면서 마니교가 고유의 교리를 형성하고 있 었으며 여러 나라에 전파된 종교였음을 알게 되었다. 따라서 저자가 언급한 것처럼 단순히 "페르시아 점성술사의 종교와 그리스도가 혼합되어 탄생한" 종교라고 하기 는 어렵다.

일반 대중들에게 강한 인상을 심어주었던 것이다.

페르시아 점성술사들의 모호하면서도 숭고한 신학은 플라톤 철학의 영향을 받은 그리스도교인들의 그에 못지않게 모호하고 난해한 신학과 뒤섞이면서, 감언이설에 현혹되기 쉬운 비현실적인 몽상가들을 유혹하기에 최적인 상태가 되었다. 결국 마니교가 유입된 지 한 세기만에 히포의 유명한 사제 아우구스티누스도 마니교 신봉자가 되었다. 마니교는 열광적인 기질의 몽상가들을 끌어들이기에 충분한 매력이 있었다. 콘데미르[3]에 따르면, 창시자 마니[4]는 페르시아에서 십자가에 매달려 죽었다. 하지만 그리스도교인들은 십자가 위에서 처형당한 자신들의 종교 창시자를 끔찍이도 아낀 나머지, 십자가에서 처형당한 또 다른 사람을 전혀 욕심내지 않았다.

물론 그리스도교인들이 로마 황제를 부추겨 마니교를 탄압하기 위한 칙령을 공포하게 했다고 주장할 수 있는 근거는 전혀 없다. 하지만 마니교도들에 대한 참혹한 박해를 예고하는 칙령은 있었지만, 그리스도교 탄압을 위한 칙령은 단 한 번도 공포된 적이 없었다. 그런데도 고독한 삶을 살고자 자발적으로 권좌에서 물러난 뒤에도 단 한 번도 후회하지 않았다는 황제, 모든 것을 초탈한 철학자 같은 황제가 통치하

---

3 콘데미르(Chondemir, 1475~1534) 페르시아 역사가이자 지리학자

4 마니(摩尼/Mani, 216?~?276)는 파르티아 왕국의 수도인 바빌로니아에서 태어났다. 12세에 천사로부터 새로운 종교를 전하라는 명을 받고 241년 마니교를 창시했다. 사산왕조의 샤푸르 1세 형제를 개종시키고 그들의 비호 아래 교세를 확장시켰다. 그러나 바흐람 1세(274~276) 때 조로아스터교의 진흥을 위해 마니교를 포함한 다른 종교를 억압하였고, 이 과정에서 투옥되어 처형당했다.

던 마지막 2년 동안, 그리스도교인들이 박해를 받게 된 까닭은 무엇이었을까?

그리스도교인들은 그 유명한 콘스탄티누스 1세의 부친인 콘스탄티우스 클로루스와 친밀한 관계에 있었다. 콘스탄티누스는 콘스탄티우스와 헬레나라는 이름의 하녀 사이에서 태어났다.

콘스탄티우스 클로루스는 늘 공개적으로 그리스도교인들을 보호했다. 부제 갈레리우스가 그리스도교인들이 자기보다 콘스탄티우스 클로루스를 지지한다는 사실에 질투심을 느꼈는지, 아니면 그리스도교인에게 불만을 가질 만한 다른 동기가 있었는지는 알 수 없다. 어쨌든 자신의 궁전을 압도하는 규모의 교회당을 세운 그리스도교인들을 곱게 보지 않았다. 갈레리우스는 오래 전부터 디오클레티아누스 황제에게 그 교회당을 허물어뜨리고 그리스도교 예배 행위를 금지시킬 것을 촉구했다.

하지만 디오클레티아누스는 그 요청을 들어주지 않았다. 그러다가 마침내 황제는 로마제국의 주요 관리들로 구성된 자문회의를 소집했다. 필자는 앞서 언급했던 플뢰리의 『교회사』에서 "간교하게도 황제는 선행을 베풀 때에는 자문을 구하지 않았으나, 악행을 행해야 할 경우에는 자문을 구했다"는 구절을 읽은 적이 있다. 황제에게 "간교함"이 있었다는 플뢰리의 지적이야말로 황제에 대한 가장 큰 찬사라고 필자는 생각한다. 홀로 선행을 베푸는 것만큼 훌륭한 일이 또 있겠는가? 게다가 위대한 인물은 누구에게도 자문을 구하지 않는다. 그러나 가혹한 행동을 해야 하는 경우, 정의롭고 지혜로운 자라면 자문을 구하지 않고 함부로 일을 벌여서는 안 된다.

니코메디아[5] 교회는 결국 303년에 파괴되었다. 하지만 디오클레티아누스는 그리스도교인은 로마제국의 고위직에 오를 수 없다는 내용의 법령을 포고했을 뿐 더 이상의 조치는 없었다. 이것은 혜택을 철회한 것일 뿐 박해는 전혀 아니었다. 그런데 어느 그리스도교 신자가 대담하게도 게시된 황제의 칙령을 떼어낸 다음, 갈기갈기 찢고 발로 짓밟는 일이 벌어졌다. 당연히 그자는 사형을 선고받고 처형되었다. 그때부터 황제의 아내인 프리스카도 더 이상 반란자들을 보호해줄 수가 없었다. 게다가 그리스도교가 광신과 폭동으로 향하는 것을 본 뒤에는 그리스도교 신앙을 포기했다. 이때부터 갈레리우스는 그리스도교인들을 상대로 마음껏 보복을 할 수 있게 되었다.

같은 시기에 아르메니아와 시리아에는 수많은 그리스도교인이 거주하고 있었다. 그리스도교인들은 이곳에서도 폭동을 일으켰다. 이들은 갈레리우스의 궁궐에 불을 질렀다는 혐의로 고발당하기도 했다. 공개적인 장소에서 황제의 칙령을 찢어버리고, 예전에도 자주 그랬듯이 신전을 불태우는 짓도 서슴지 않는 자들이 궁궐에 불을 질렀으리라고 믿는 것은 당연한 일이었다. 그렇다고 해도 그리스도교인에 대한 대대적인 박해는 일어나지 않았다.

디오클레티아누스 황제가 처형당한 자들을 땅에 매장하라는 명령을 내렸다는 사실로 미루어보아, 반란자들에게 엄벌을 내릴 경우에도 합법적인 절차를 거쳤던 것 같다. 그 당시에는 재판 없이 처형하는 경우에는 시신을 땅에 매장할 수 없었다. 그리스도교를 믿는다고 공언했

---

5 당시 로마제국의 수도였다.

다는 단 한 가지 이유로 사형에 처한다는 칙령은 공포된 적이 없었다. 프랑스의 성 바르톨로메오 축일 학살[6], 아일랜드의 학살 사건[7], 알비파[8] 신도들에 대한 십자군 원정[9] 같은 비이성적이고 잔혹한 탄압은 존재하지 않았다. 그 당시 로마제국 전체 인구의 5~6분의 1이 그리스도교 신자였다. 만일 그런 식의 박해가 있었다면, 로마제국 전체 인구 중 최소한 6분의 1이 무기를 들 것이고, 무장을 해야 할 만큼 절망적인 상황이었다면 그들은 모두 물불을 가리지 않는 폭도로 돌변했을 것이다.

카이사리아의 유세비우스와 그의 추종자들처럼 과장된 웅변조의 언어를 구사하는 저술가들은, 그 시대에 엄청난 수의 그리스도교인이 화형당했다고 주장했다. 그렇다면 왜 역사가 조시무스[10]는 이에 대해 한 마디도 언급하지 않았을까?

---

6 프랑스에서 1572년 8월 24일(성 바르톨로메오의 축일)부터 10월 사이에 가톨릭 신자들이 개신교 신도들을 학살한 사건

7 아일랜드에서 1641년 10월 23일 예수회 창시자 로욜라의 축제일을 기점으로 가톨릭 신자들이 15만 명에 이르는 개신교 신자를 학살한 사건

8 알비파(Albigenses) 카타리파(Cathari)라고도 한다. 12세기 중엽 프랑스 남부 알비에 전파되면서 세력을 크게 떨쳤다. 마니교적 이원론에 바탕을 둔 교리로서, 그리스도교의 신은 영적인 것만을 창조하였으며, 반신(反神)인 악마는 신에게 반기를 든 인간을 물질 속에 가두었으므로, 인간은 물질적인 것으로부터 해방되어야 구원을 받을 수 있다고 가르쳤다. 금욕적인 계율과 대중 앞에서의 성서낭독과 통과의례 등을 중시하였다. 특히 통과의례를 통하여 일반 신자는 완전한 자, 즉 '카타리'가 되었다. 이 단판정을 받고 종교재판의 희생자가 되었다.

9 12~13세기에 프랑스 남부에서 알비파(카타리파)가 교세를 확장하자 교황청에서는 이 교파를 이단으로 규정하고 파문하였으며, 이들을 탄압하기 위해 1209년에 십자군 원정을 일으켰다.

10 조시무스(Zosimus, 490?~510?) 5세기에 활동했던 그리스의 역사가, 그가 쓴 로마제국 역사서는 4세기 역사 기록의 첫 번째 사료로서, 410년까지의 역사를 기록하고 있다.

왜 그리스도교 신자였던 조나라스[11]는 그 유명한 순교자들 중 누구의 이름도 거명하지 않았을까? 왜 허풍쟁이 성직자들 중 누구도 그 당시 학살당했다는 50명의 그리스도교인에 대한 기록을 남겨두지 않았을까?

『황금전설』에서 확실한 근거도 없이 디오클레티아누스 시대에 일어났다고 말하는 그 '학살 사건'을 비판적인 시각으로 다시 검토해보면, 비판할 게 한두 가지가 아니라는 사실을 깨닫게 된다. 그러고 나면 교회의 기만행위들을 의심하고 경멸하는 태도가 생기고, 디오클레티아누스 황제를 박해자로 여기는 견해에 더 이상 동조하지 않게 된다.[12]

주막집 주인이었던 테오도투스의 당치도 않은 모험담, 모두가 불에 태워져 전멸했다는 테베 군단 이야기, 본래 말더듬이로 태어났으나 황

---

11 조나라스(Zonaras, 1074~1130) 12세기에 활동했던 비잔틴 역사가이자 신학자. 그의 주된 저서인 『일반 역사서(Epitome ton Istorion)』는 1118년까지의 사건을 수록하고 있다. 또 그는 그리스 교회법에 대한 해설서 등을 쓰기도 했다.

12 저자의 주장과 달리 디오클레티아누스 시대에 종교 박해가 있었다는 사실만큼은 분명하다. 실제로 디오클레티아누스는 로마제국에서 마지막이자 가장 강력하게 그리스도교를 박해한 황제로 알려져 있다. 303년 그는 그리스도교 탄압을 위한 칙령을 발표하고 교회와 성물, 성전을 파괴하고 그리스도인의 모임을 불허한다고 공표했다. 또한 그리스도교가 퍼져 있던 제국 동방에서 저항이 일어났고, 또 소아시아에서 봉기가 발생하자 군대를 보내 단호하게 진압했다. 또한 사제들과 주교들을 체포하여 감옥에 넣고 그들이 로마 신의 제의에 참석하면 풀어주었다. 304년 칙령에는 그리스도인은 고발이 없어도 추적, 고문할 수 있도록 하였고, 모든 사람이 로마 신의 제의를 수행하여야 한다고 명령하였는데, 이를 어기면 사형이나 강제노역에 처했다. 이런 탄압으로 인해 그리스도인 중에 많은 순교자가 나왔으며, 배교자 역시도 많이 나왔다. 그리스도교의 자료에는 약 3천 명 이상 순교했다고 되어 있으나 정확한 숫자는 알 수 없다. 오히려 '대박해시대'였음에도 순교자가 많지 않았다고 주장하는 연구자도 있다.

제의 주치의(졸지에 형리 노릇을 하게 된)가 혀를 잘라내자 순식간에 말문이 터져 매우 유창하게 말을 했다는 어느 비천한 로마인 이야기, 이 모두가 디오클레티아누스 시대에 일어났다고 알려진 이야기들이다. 그 밖에도 20여 편의 비슷한 이야기들이 있으나, 콘월 지방 시골 마을의 수다스러운 할머니들조차도 차마 손자들에게 들려주지 않을, 온통 유치하고 낯부끄러운 이야기들뿐이다.

29장

콘스탄티누스

어느 정도 교육을 받은 사람 중에서 콘스탄티누스 1세[13]가 누구인지 모르는 사람은 아무도 없을 것이다. 콘스탄티누스는 브리타니아의 오지에서 외국인들로 구성된 소규모 군대에 의해 황제로 추대되었다. 원로원과 로마 군대에 의해 선출된 막센티우스보다 콘스탄티누스에게 과연 로마제국 황제의 지위를 요구할 수 있는 정당한 권리가 있었을까?

그로부터 얼마 후, 콘스탄티누스는 갈리아로 가서 그의 부친을 따르던 그리스도교인 병사들을 결집시켰다. 그러고는 알프스 산맥을 넘었

---

13 콘스탄티누스 1세(Constantinus I, 274~337, 306~337 재위) 디오클레티아누스의 황제 퇴위 후 로마제국의 혼란을 수습하고 로마제국을 재통일시켰으며, 수도를 콘스탄티노폴리스로 옮겼다. 또한 밀라노 칙령을 공포함으로써 그리스도교 신앙을 공인하였다. 볼테르가 본문에서 소개하고 있는 것처럼, '역사적'으로 유명한 황제였던 만큼 정치와 종교, 가족사 등에 관해 많은 스토리가 있는 인물이다.

는데, 이 와중에도 꾸준히 군대의 규모를 불려나갔다. 콘스탄티누스는 마침내 라이벌인 막센티우스를 공격했고, 막센티우스는 전투 중에 테베레 강으로 떨어져 익사했다. 으레 그렇듯이 콘스탄티누스가 승리를 거두는 과정에서도 기적적인 일이 있었다. 구름 속에서 갑자기 깃발과 천상의 십자가가 나타났던 것이다. 십자가에는 그리스어로 "이 표시로 그대는 승리하리라"라는 문구가 새겨져 있었다. 그가 거느린 갈리아인, 브리타니아인, 아로브로게스인, 인스브리아인Insubriens 병사들 모두가 그리스어를 완벽하게 이해했다! 그래서인지 하느님께서는 라틴어보다 그리스어로 말씀하시기를 더 좋아하셨던 듯하다.

그 놀라운 이적 덕분에 승리를 거두었지만, 콘스탄티누스는 아직 그리스도교 신자가 아니었다. 그는 훌륭한 정치가로서 모두에게 양심의 자유를 허락했을 뿐이다. 콘스탄티누스는 로마국교 신자라고 공언함으로써 대제사장이라는 칭호를 얻기도 했다. 이처럼 콘스탄티누스는 공개적으로 두 종교를 배려하는 정책을 폈으며, 그의 "폭정" 초기 몇 년 동안에는 매우 신중하게 처신했다. 여기서 필자는 아무 거리낌 없이 "폭정"이라는 표현을 썼다. 무력 외에 다른 수단이 없는 자를 차마 군주로 인정할 수 없기 때문이다.

당치도 않은 구실을 내세워 장인인 막시미아누스 헤라클레스를 마르세유에서 살해하고, 데살로니가에서 처남인 리키니우스 황제를 비열하게 살해한 야만스러운 자를 폭군이라 부르지 않는 것은 인간으로서 취할 도리가 아니라고 필자는 생각한다. 아들인 크리스푸스는 목을 베어 죽이고, 아내 파우스타를 질식시켜 죽인 자, 살인과 존속 살해라는 파렴치한 짓을 저지르고도 사치와 나태함, 그리고 온갖 향락에 빠져들었던 자를 어찌 폭군이라 부르지 않을 수 있겠는가?

그러나 비열한 아첨쟁이 성직자들은 그가 어떤 범죄를 저질렀는지 잘 알면서도 입에 침이 마르도록 칭송을 늘어놓는다. 그를 위대한 인물로 떠받들고, 물을 가득 채운 욕조에 세 번 몸을 담갔던 적이 있다고 해서 그를 성인 반열에 올려놓았다. 덕성스러운 여왕을 모신 적이 있는 우리 영국인들은 콘스탄티누스라는 자를 칭송하면서 스스로의 품위를 손상시키는 짓 따위는 하지 않으리라.

5세기의 비잔틴 역사가 조시무스는 무지하고 잔인한 콘스탄티누스가 다른 숱한 군주들과 마찬가지로 미신과 범죄를 혼동하면서, 자기가 저지른 중죄에 대한 속죄의 길을 그리스도교에서 찾을 수 있다고 생각했으리라는 주장을 했는데, 이는 매우 타당한 견해다. 이해타산에 밝은 주교들은 그리스도교의 하느님이 모든 것을 용서해주실 것이라고 그를 설득했으며, 자기들에게 재물과 명예를 내려준 황제의 은혜에 몸 둘 바를 몰랐을 것이다. 그토록 교활하고 비인간적인 자를 은총으로 감싸주실 하느님이 과연 계실지 필자는 의심스럽다. 하지만 어쩌겠는가. 그 옛날 유대 사회에서는 우리아를 살해한 자[14]를, 훗날 그리스도교인 사회에서는 처자식을 살해한 자를 성인품에 올리는 것은

---

14 역사상 가장 유명한 간통 사례 중 하나다. 다윗왕은 자신의 충성스러운 부하인 우리아의 아내 밧세바와 정을 통한다. 그리고 밧세바가 임신을 하자 그 사실을 숨기기 위해 우리아를 가장 격렬한 전투가 벌어지는 곳으로 보내 전사하게 만든다. 이 이야기는 구약 사무엘하 11장과 12장에 나온다. 훗날 밧세바는 아들 솔로몬을 낳았고, 솔로몬은 다윗이 죽은 뒤 왕위를 이었다. 그래서 밧세바는 마태오 1장에 기록된 예수의 계보에 이름을 올렸다. 거기서 그녀는 "우리아의 아내"라고 되어 있다.

순전히 성직자들의 몫인 것을!

콘스탄티누스의 성격, 그의 사치 성향과 포악함은 그의 불운한 신하들 중 한 사람인 아블라비우스라는 자가 직접 작성하여 궁궐 정문에 게시했다는 두 행의 시구에 잘 나타나 있다.

누가 사투르누스 신의 황금시대를 아쉬워하는가?
지금 이 시대 역시 황금보화의 시대이거늘! 하지만 이 시대는 네로 황제의 시대인 것 또한 사실이다.

그런데 이 자비로운 아블라비우스는, (그리스도인들이) 콘스탄티누스 덕분에 완전한 자유를 획득하고 난 뒤에 갈레리우스 황제의 아들 칸디디아누스와 막시미아누스 황제의 여덟 살짜리 아들과 일곱 살짜리 딸을 살해하고 그 아이들의 어머니를 오론테스 강에 빠뜨려 죽인 그리스도교인들에 대해서 뭐라고 말했을까?

그리스도교인들은 그들의 보복을 피해 도피 생활을 하던 갈레리우스의 미망인인 늙은 발레리아 황후를 오랫동안 추적했다. 그들은 마침내 데살로니가에서 황후를 찾아내어 살해하고 시신을 바다에 던졌다. 그리스도교인들은 복음서의 가르침을 그렇게 실천했다. 그런데도 그리스도교인들 중에서 수많은 순교자가 나왔다고 한탄하며 하소연하고 있는 것이다!

30장

콘스탄티누스 이전 및 그의 치하에서 그리스도교인의 분쟁

콘스탄티누스 이전과 이후, 그리고 그의 통치 시기 모두 그리스도교
는 줄곧 여러 분파 혹은 파벌로 분열되어 있었다. 확고한 체계를 갖
추지 못했음은 물론, 그 가당치 않은 신조(사도신경)마저 없었던(그 신
조는 오랫동안, 국적도 언어도 풍습도 제각각이었던 사도들의 작품으로 잘못 알려
져 왔다) 자들이 하나의 믿음으로 결집한다는 것은 애당초 불가능한
일이었다.

　　사투르니누스[15], 바실리데스[16], 카르포크라테스[17], 발렌티누스[18], 세

---

15 사투르니누스(Saturninus,?~257) 3세기경 툴루즈의 주교, 순교자, 성인. 설교와 기적
　　으로 수많은 우상 숭배자들을 개종시켰다고 전해진다.

16 바실리데스(Basilides, 117~138) 2세기 알렉산드리아 학파의 영지주의 교부

17 카르포크라테스(Carpocrates, ?~138) 2세기의 그리스 철학자

18 발렌티누스(Valentinus) 2세기 영지주의 계열의 발렌티아누스파 창시자

르돈[19], 마르키온[20], 헤르모게네스[21], 헤르마스[22], 유스티누스, 테르툴리아누스, 오리게네스 등 이 모두가 제각각 다른 견해를 갖고 있었다. 로마 당국자들이 간혹 그리스도교인을 탄압하고자 하는 움직임을 보일 때에도 이들은 서로 필사적으로 싸우고 서로를 파문하고 저주하고 비난했다. 투옥된 뒤에는 감옥 속에서도 싸웠을 정도였다. 이것이야말로 광신으로부터 비롯된 가장 뚜렷하고도 유감스러운 결과가 아닌가?

지배욕은 불화와 반목을 낳는 또 한 가지 원천이었다. 주교직을 놓고 싸움이 벌어졌는데, 이때에도 40여 명의 대립교황[23]을 배출한 교회 분열의 시기에 나타났던 것과 똑같은 열정과 광기, 그리고 똑같은 술수와 기만행위가 동원되었다. 우르바누스라는 이름의 여러 교황, 요하네스라는 이름의 여러 대립교황이 각국의 군주들에게 명령을 내리는 존재가 되고 싶어서 각축을 벌였던 것과 마찬가지로, 모두가 비천하고 우매한 신도들에게 명령을 내리는 존재가 되고 싶어 안달했다.

카르타고에서는 노바투스Novatus가 정식으로 선출된 키프리아누스

---

19 세르돈(Cerdon) 2세기 초 영지주의 계열의 종파 창시자
20 마르키온(Marcion) 2세기에 활약한 그리스도교 최초의 개혁자. 이원적 신관과 그리스도 가현설(假現說)을 주창하였다. 특이한 주장으로 많은 신봉자를 얻었으며, 초기 그리스도 교회에 큰 위협이 되었다.
21 헤르모게네스(Hermogenes) 2세기의 독자적인 종파 창시자
22 헤르마스(Hermas) 1세기의 사도이자 교부, 성인
23 그리스도교 역사에서 비합법적으로 교황권을 행사한 사람. 사실상 교황의 자리에 오르긴 했지만 그 선출이 적법하지 않거나 교회법의 정당한 절차를 거치지 않은 사람을 말한다.

와 주교직을 놓고 싸웠으며, 노바티아누스[24]는 로마 교구를 두고 코르넬리우스와 다투었다. 신도들은 제각각 같은 종파의 주교에게 안수를 받았다. 그리스도교인들은 벌써 로마를 혼란에 빠뜨리려 하고 있었다. 그런데도 오늘날의 신학서적 편찬자들은 데키우스 황제가 그 질서 교란자들 중 몇 사람을 처벌했다는 사실에 대해 놀라워한다!

그러나 데키우스 시대에 키프리아누스는 처형당했지만, 노바티아누스나 코르넬리우스는 전혀 처벌받지 않았다. 별로 대단할 것도 없는 이 두 경쟁자가 서로에게 선전포고를 해도 그냥 내버려두었다. 주인을 공격하는 일이 벌어지지 않는다면, 사육장 안에서 개들이 서로 물고 뜯고 싸워도 내버려두는 것처럼 말이다.

콘스탄티누스 시대에 카르타고에서도 그와 유사한 분열의 움직임이 있었다. 두 명의 북아프리카 출신 대립교황(혹은 대립주교) 체칠리아누스(4세기 카르타고의 주교)와 마요리누스가 주교좌를 차지하려고 다퉜던 것이다. 주교직은 욕망의 대상이 되어가고 있었다. 여자들도 싸움에 가담했다. 마요리누스의 뒤를 이은 도나투스는, 앞으로 그리스도교의 역사에 먹칠을 하게 될 수차례의 참혹한 교회 분열 가운데 첫 번째 분열을 일으킨 주역이 되었다.[25]

---

24 노바티아누스(Novatianus, 200?~258?)는 로마의 신학자이자 사제 출신으로 대립교황이 된 인물이다.

25 그리스도교 역사에서 유명한 '도나투스 논쟁'을 말한다. 디오클레티아누스 황제의 그리스도교 박해(303~305) 때 교회 안팎에 많은 배교자가 생겼다. 이후 신앙의 자유를 얻게 되었을 때 자연스럽게 배교 문제가 대두되었고, 이들에 대한 처리를 둘러싸고 가톨릭교회와 도나투스파 사이에서 논쟁이 벌어졌다. 도나투스파는 배교자를 주교로 인정하기를 거부하였고, 그런 자들의 성례는 무효일뿐더러 그런 주교가 행하

유세비우스가 전하는 바에 따르면, 예수가 베드로에게 칼을 칼집에 도로 꽂으라고 분부하셨다는 이유로, 그들은 끝이 뭉툭한 몽둥이를 들고 싸움을 했다. 하지만 그 후로는 그런 신중함마저 사라지고, 도나투스파와 키프리아누스파는 칼을 들고 싸웠다. 같은 시기에 앞으로 300년간 지속될 대량 학살의 막이 올랐는데, 이 사건의 발단은 알렉산드로스와 아리우스, 아타나시우스와 유세비우스의 논쟁, 다시 말해 예수가 성부 하느님과 동질인지 아니면 유사한 존재인지의 문제였다.

는 성사도 무효이기 때문에 다시 세례를 받아야 한다고 주장하였다. 그러나 이런 주장은 아우구스티노를 비롯한 후대 교부들에 의해 반박되었다. 따라서 이단자가 베푼 세례는 무효이기 때문에 다시 세례를 받아야 한다는 주장이나 교회는 성인들만의 교회이어야 한다는 극히 제한적이고 엄격한 도나투스파의 교리관은 모두 교회에 의해 반박, 단죄되었다. 도나투스파는 5세기부터 영향력을 잃었으며 7세기경에는 자취를 감추게 되었다.

31장

아리우스주의와 아타나시우스주의

예수라는 이름의 유대인이 하느님과 유사한 존재였는가? 아니면 하느님과 동질이었는가? 어느 쪽이 옳건 그르건 간에 분명한 것은 둘 다 부조리하고 불경한 주장이라는 점이다. 하나의 본질 안에 세 위격이 존재한다는 주장 역시 부조리하다. 하느님 한 분 안에 세 하느님이 계신다는 주장도 마찬가지로 부조리하다. 이러한 견해들 중에서 본래적인 그리스도교론이라 할 수 있는 것은 아무것도 없다. 그리스도교의 공인된 유일한 근거인 복음서에서 그 교리들 중 어느 것도 찾아볼 수 없기 때문이다. 그러한 몽상적인 관념들 속에서 갈피를 잡지 못하고 헤매기 시작한 것은 플라톤 철학을 원용하면서부터였다.

그리스도교가 널리 퍼져갈수록, 신학자들은 그리스도교를 난해하고 불가해한 것으로 만들고자 공연히 애를 썼다. 속내를 들여다보면 저급하고 조잡한 것들로 가득한 그리스도교 신앙을 애매모호함으로

광신의 무덤

치장하여 겉으로나마 그럴듯하게 보이려고 했던 것은 아닐까?

도대체 어떤 목적으로 그 모든 관념적인 망상들을 동원했을까? 하느님 안에 하나의 인격이 존재하건 3~4천 개의 인격이 존재하건 우리가 사는 사회, 풍습, 우리 인간의 의무와 무슨 상관이 있단 말인가? 알아들을 수 없는 용어를 구사하면 더욱 선한 사람이 될 수 있는 것인가? 신 혹은 섭리에 순응하고 덕성을 가까이 하는 것이라는 종교가, 그렇게까지 우스꽝스럽고 유치한 짓을 해야 존재할 수 있는 것인가?

이미 오래 전부터 그리스도교인들은 '로고스, 다시 말해 '알 수 없는 어떤 말씀'의 본질이 무엇인가?' 하는 문제로 논쟁이 벌이고 있었다. 알렉산드리아의 교황 알렉산드로스는 삼위일체가 단자monade라고 주장함으로써 여러 교황으로부터 반감을 샀다. 그 당시 교황papa이라는 칭호는 주교나 사제들에게도 적용되었다. 알렉산드로스[26]는 주교였으며, 사제 아리우스[27]는 상대편 진영의 우두머리였다. 이렇게 하여

---

[26] 알렉산드로스(Alexandros, 250?~328) 319년경 그리스도의 정통신앙과 다른 의견을 펼치는 아리우스의 가르침을 접하고 321년경 알렉산드리아의 주교회의에서 그들을 파문에 처했다. 그러나 아리우스주의는 이집트만이 아니라 동방전역으로 확산되었고, 이 문제의 해결을 위해서 325년에 니케아에서 열린 공의회에서 아타나시우스의 조력을 얻어 이단으로 단죄하였다.

[27] 아리우스(Arius, 250?~336?) 그리스의 신학자. 그리스도교에서 이단으로 단죄된 아리우스파의 주창자. 메리티오스의 교회분열운동에 가담하였다가 파문당했다. 321년 알렉산드로스 주교에 의해 알렉산드리아 주교회의에서 또 파문당했다. 313년 신과 그리스도의 신적 동일 본성을 부정하고 그리스도는 신의 피조물 중 최고자이기는 하지만 신이나 영원한 실재는 아니라고 주장하여 이집트와 시리아 일대에서 많은 신봉자를 얻었으나 삼위일체를 주장하는 사람들에게 이단으로 단죄되었다. 318년 감독 알렉산더에 의해 그의 주장은 금지되었고 325년 니케아 공의회가 소집된 결과 아타나시우스의 공격을 받고, 교회사상 최초의 이단으로 몰려 추방되었다. 그러

두 개의 과격한 당파가 조직되었다. 언제나 그렇듯이 이 논쟁에서도 곧 논쟁의 대상이 달라진다. 아리우스는 예수가 피조물, 곧 창조된 것이라고 주장한 반면, 알렉산드로스는 성부로부터 나신 자engendre라고 주장했던 것이다.

이 무의미한 논쟁은 나중에 콘스탄티노플을 양분했던 논쟁, 곧 수도사들이 자신의 배꼽에서 본 빛이 타보르 산의 빛이었는지, 배꼽의 빛과 타보르 산의 빛이 창조된 것인지 영원성 속에서 존재하는 것인지의 문제를 두고 벌인 논쟁과 조금도 다를 바 없었다. 사실 논쟁자들에게 쟁점이 된 것은 세 위격이 아니었다. 성부와 성자에만 관심이 있었을 뿐, 성령은 홀대를 받았다.

알렉산드로스는 자신의 당파 조직을 동원하여 아리우스를 파문했다. 니코메디아의 주교로 아리우스의 후원자였던 유세비우스는 작은 공의회를 소집하여, 오늘날에는 공식적으로 인정되는 교리를 오류로 선언했다. 논쟁은 다시 격화되었다. 이미 완강함이나 책략을 구사하는 데 탁월한 능력을 보여주었던 알렉산드로스 주교와 아타나시우스 부제, 이 두 사람은 이집트 전역을 뒤흔들어놓았다. 콘스탄티누스 황제는 완고하고 냉혹한 폭군이었지만, 그래도 어느 정도 양식을 갖춘 자였다. 이 모든 논쟁을 우스꽝스럽고 쓸데없는 짓으로 이미 판단하고 있었으니 말이다.

나 유세 비우스파의 강력한 요청으로 곧 사면되어 양파 간에 다시 논쟁이 재연되었다. 336년 콘스탄티누스 대제로부터 사클라멘트의 감독에 임명되어 부임하려던 중 사망했다. 그 후 논쟁은 381년의 종교 회의 때까지 계속되고 결국은 그의 주장은 배척되었지만 동방제국에서는 깊이 뿌리박혀 후대까지 이어졌다.

광신의 무덤

콘스탄티누스가 호시우스[28]를 통해 양측 진영의 수장들에게 전달했다는 그 유명한 편지에 대해서는 모두가 잘 알고 있을 것이다. 콘스탄티누스는 편지에서 이렇게 말했다.

그 문제들은 여러분의 한가로움에서 비롯된 게 아닌가 생각되는군요. 여러분이 왜 그렇게 한가로운지는 저도 알 길이 없지만 말입니다. 여러분은 너무나도 하찮은 문제로 반목하고 분열되었습니다. 그런 행동은 저급하고 유치할 뿐만 아니라, 양식 있는 자에게 어울리지 않은 행동입니다.

황제는 이 편지를 통해 화해를 촉구했다. 하지만 콘스탄티누스는 신학자들이 어떤 사람들인지 아직은 모르고 있었다. 연로한 호시우스는 황제에게 대규모 공의회를 소집하는 게 좋겠다고 충고했다. 화려함과 호사를 좋아했던 콘스탄티누스는 니케아에 회의를 소집했다.[29] 그는 황제 예복에 머리에는 관을 쓰고 보석으로 온 몸을 휘감은 채 회의장에 의기양양하게 나타났다. 호시우스는 주교들 중 최고령자로서 회의를 주재했다.

훗날 교황파 저술가들은 호시우스가 로마 교황 실베스테르의 명을 받아 공의회를 주관했다고 주장했다. 이는 「콘스탄티누스의 기증Consti-tutum Donatio」[30]이라는 위조문서와 동일선상에 놓아도 좋을 만한 거

---

28 호시우스(Hosius, 257?~359) 콘스탄티누스 황제의 측근으로, 니케아 공의회에서 회의를 주재했으며, 신경의 작성과 채택에 큰 역할을 하였다.

29 325년 제1차 니케아 공의회를 말한다.

30 750년에서 850년 사이에 조작된 콘스탄티누스 1세의 칙령문서로 중세 유럽의 유명

짓말로서, 로마의 사제 티투스와 빈첸시오가 교황의 위임장을 갖고 대리인 자격으로 회의에 참석했다는 사실에 의해 명백하게 거짓으로 드러난 바 있다. 실제로 그 당시 로마 교황은 황제령인 로마라는 도시의 주교, 혹은 로마라는 하나의 구역에 속하는 몇 개 교구를 통합적으로 관리하는 대주교로 간주되었을 뿐이다. 따라서 동방이나 북아프리카의 주교들에 대해서는 아무런 권한이 없었다.

공의회에서 절대 다수의 찬성으로 채택된 교서에는, 삼위일체라는 단어만 명기된 게 아니었다.

우리는 단 한 분 하느님, 그리고 하느님의 유일한 아들이며 성부에게서 나신 자, 성부와 동질이 아닌 단 한 분이신 주 예수 그리스도를 믿습니다.

이처럼 알아듣기 어려운 단어들을 나열하고 나서, 기타 사항으로 다음과 같은 문구를 덧붙였다.

우리는 또한 성령을 믿습니다.

그러나 그 성령이 누구인지, 나신 자인지 만들어진 자인지, 창조된 피조물인지, 앞선 자인지, 동질인지 아무런 설명이 없었다. 그리고는

한 사기 문서. 8세기경 무렵에 작성된 이 조작된 칙령문서는 13세기부터 중세 동안 세속의 황제에 대한 교황의 우위권을 주장하는 근거로 사용되었다가 르네상스 시대에 인문주의자들에 의해 조작된 것으로 판명되었다.

마지막으로 이런 문장을 덧붙이고 있다.

성자가 계시지 않았던 때가 있었다고 말하는 자는 파문에 처한다.

어쨌든 니케아 공의회에서 그보다 더 웃기는 것이 있었으니, 그것은 정경正經 목록을 결정하는 방식이었다. 교부들은 복음서와 나머지 책들을 어떻게 구분하고 선정해야 하는지 무척 난감했다. 그래서 결국에는 제단에 책을 쌓아놓고 적합하지 않은 책들을 바닥에 떨어지게 해달라고 성령께 기도를 드리기로 결정했다. 성령께서 교부들의 청원을 들어주셨는지, 1백여 권의 책들이 제단 아래로 굴러 떨어지는 게 아닌가! 진실을 가려내는 데 오류가 개입될 여지가 전혀 없는 방법임에 틀림없다! 이것은 니케아 공의회의 의사록 별첨 부록에 기록되어 있는 사실이며, 교회사에서 가장 근거가 확실한 사실들 중 하나다.

우리의 신학자이자 현자인 미들턴[31]은 두 명의 이집트 총주교에 의해 작성된 알렉산드리아 연대기를 찾아냈는데, 이 책에는 그 당시 17명의 주교와 2천여 명의 사제들이 공의회의 결정에 항의했다는 기록이 있다. 승리한 주교들은 콘스탄티누스를 설득하여 아리우스와 주교 서너 명을 추방하게 했다. 하지만 알렉산드리아 주교로 선출된 아타나시우스가 권력을 남용하는 등 횡포를 부리자, 추방되었던 아리우스와 주교들이 제자리로 복귀하고, 이번에는 아타나시우스가 추방당했다. 이 일련의 사건들이 의미하는 바는 둘 중 하나, 혹은 양쪽 모두가 틀

---

31 미들턴(Conyers Middleton, 1683~1750) 영국의 신학자이자 역사가

렸거나, 아니면 콘스탄티누스가 공정하지 못했다는 사실이다.

그 시대의 논쟁자들은 요즘의 논쟁자들과 마찬가지로 모두가 음모가였으며, 4세기의 군주들 역시 이 시대의 군주들처럼 명백한 사실임에도 자기 자신이나 보좌진의 목소리에도 귀를 기울이지 않았으며, 제멋대로 추방령을 내렸다. 다행스럽게도 우리 영국에서는 국왕에게서 추방령을 내릴 수 있는 권한을 진즉에 박탈했다. 성직자들에게서는 음모에 대한 집착을 버리게 할 수는 없었지만, 적어도 그들에게 음모를 꾸며봐야 득이 될 게 없다는 것을 보여주는 데는 성공한 것 같다.

띠로에서 열린 공의회에서 아리우스는 복권되고 아타나시우스는 단죄되었다. 니코메디아의 유세비우스는 콘스탄티노플 교회당으로 친구인 아리우스를 성대하게 맞아들일 채비를 하고 있었다. 그런데 마카리우스라는 가톨릭 성인이 아리우스가 뇌출혈을 일으켜 죽게 해달라고 눈물을 흘리며 열성을 다해 하느님께 기도했다. 선하신 하느님께서는 기도에 즉시 응답했다. 그들이 증언한 바에 따르면, 아리우스는 항문에서 장기가 쏟아져 그 자리에서 즉사했다. 증언자들이 해부학자가 아닌 이상, 이 이야기를 곧이곧대로 믿기는 어렵다.

그런데 마카리우스 성인은 기도를 드리면서 그리스도교 교회의 평화를 요청하는 것은 잊어버렸는지 하느님께서는 결국 교회의 평화를 내려주시지 않았다. 그로부터 얼마 후 콘스탄티누스는 어느 아리우스파 사제의 품안에서 숨을 거두었는데, 성 마카리우스가 콘스탄티누스 황제의 구원을 위해 하느님께 기도드리는 것을 잊어버렸던 게 아니었을까?

32장

콘스탄티누스의 아들들, 그리스도교인들이 "배교자"라는 별명을 붙인 철학자 율리아누스

콘스탄티누스 1세의 아들들도 그리스도교인이었으며, 아버지처럼 야심만만하고 잔인했다. 세 아들, 곧 콘스탄티누스 2세, 콘스탄티우스, 콘스탄스는 로마제국을 분할하여 통치했다. 콘스탄티누스 1세에게는 율리우스라는 형제와 두 조카가 있었는데, 이들에게도 영지를 증여했다. 새로운 황제들은 자신들의 몫을 늘릴 목적으로 먼저 아버지의 형제인 율리우스를 살해했다. 범죄를 저지르기 위해 힘을 합쳤던 형제들은 곧 사이가 벌어졌다. 콘스탄스는 맏형인 콘스탄티누스 2세를 살해하고, 그로부터 얼마 후 자신도 죽임을 당했다.

로마제국의 유일한 지배자가 된 콘스탄티우스는 황실의 나머지 구성원들 중 대부분을 살해했다. 콘스탄티우스의 지시로 살해된 율리우스에게 두 아들이 있었는데, 갈루스와 그 유명한 율리아누스[32]다. 갈루스도 결국 살해되었고, 율리아누스는 혼자 살아남을 수 있었다. 율리아누스는 은둔 생활을 하며 학문에 몰입하는 것을 좋아한다고 알려져 있어서 위험한 인물이 아니라고 판단했던 것이다.

역사에 조금이라도 진실한 부분이 있다면, 콘스탄티누스와 그의 아들인 콘스탄티우스, 이 두 최초의 그리스도교인 황제가 폭정과 잔혹 행위의 화신이었다는 점 한 가지는 분명한 사실이다. 앞에서도 잠시 언급했지만, 두 사람은 마음속으로는 어떤 신도 믿지 않았던 것 같다. 이들은 로마 다신교라는 미신도 그리스도교의 광기도 똑같이 조롱하면서, 크레타의 주피터도 테베의 헤라클레스도 유대의 예수도 신이 아니므로 신은 존재하지 않는다고 확신했다.

거의 예외 없이 비열함과 야만성을 겸비한 폭군들은, 죽기 전에 물을 가득 채운 욕조에 세 번만 몸을 담그면 살아생전에 저지른 중죄들이 모두 사라지고, 그 자리에 세상의 온갖 덕성이 자리를 차지한다는 모든 그리스도교인의 믿음으로 인해, 죄악의 유혹에 쉽사리 굴복했으며 마음껏 악행을 저질렀을 것이다. 이 유감스러운 믿음은 가장 사악한 열정들보다도 인류에게 더 큰 피해를 끼쳤다.

어쨌든 콘스탄티우스는 스스로를 정통파로, 그러니까 아리우스주의자라고 선언했다. 그 당시에는 동방 전 지역에서 아리우스주의가 아

---

32 율리아누스(Flavius Claudius Julianus, 331~363, 재위 361~363) 로마제국 최후의 비그리스도인 황제로. 쇠락하는 제국의 재부흥을 위해 로마의 전통을 부활시켜 개혁하려 하였다. 그 때문에 후세의 그리스도교로부터 "배교자 율리아누스"라는 평가를 받았다. 그의 생애와 그리스도교에 대한 생각은 본문 속에 잘 소개되어 있다.

타나시우스파보다 우세했다. 예전에 박해를 받던 아리우스주의자들은 어느덧 박해자가 되어 있었다.

아타나시우스는 사르디카 공의회, 아를르 시에서 열린 공의회, 그리고 밀라노에서 열린 공의회에서 단죄되었다. 그는 때로는 지지자들과 함께, 추방당하거나 혹은 복권되어 제자리를 찾아가면서 로마제국 전역을 떠돌았다. '동질'[33]이라는 말 한 마디 때문에 로마제국의 모든 도시가 혼란에 휩싸였다. 인류 역사상 유례를 찾아볼 수 없는, 매우 특이한 형태의 재앙이었다. 아직까지 꿋꿋이 버티고 있었던 로마의 전통 종교는 이러한 혼란을 틈타 옛 영화를 회복하려 애쓰고 있었다.

콘스탄티우스에게 형제를 비롯한 온 가족이 몰살당하는 참극을 경험한 율리아누스는, 겉으로라도 그리스도교를 신봉하는 체하지 않으면 안 되는 처지였다. 이는 우리 영국의 파렴치한 메리 여왕의 폭압적인 통치 체제 아래 우리의 엘리자베스 여왕이 얼마 동안 자신의 신앙을 숨겨야 했던 사례, 혹은 프랑스에서 성 바르톨로메오 축일 학살 사건 이후 샤를 9세가 위대한 앙리 4세에게 미사에 참석할 것을 강요했던 것과 비견되는 일이었다.

율리아누스는 스토아 철학자였다. 철학인 동시에 종교적 색채를 띠었던 스토아학파는 숱한 위인들을 배출했으며, 이 학파에 속한 사람들 중에서 악인은 단 한 사람도 없었다. 인간적이라기보다는 종교적

---

33 여기서 동질은, 삼위일체에 대한 해석에서 나온 말이다. 즉 정통신앙 쪽에서는 세 위격이 하나의 본질이기에 결국 세 위격은 동질이라는 말이다. 그렇지만 아리우스파는 이 정통신앙에 반대하는 입장이었다.

색채가 강한 학파로서 승려나 수도사다운 엄격함을 추구했으나, 미신적 요소는 전혀 찾아볼 수 없었다. 카토, 마르쿠스 아우렐리우스, 에픽테토스가 스토아학파 출신 인물들이다.

마치 타르퀴니우스 치하의 브루투스[34]처럼 콘스탄티우스 치하에서 그 위대한 인물이 자신의 모든 재능을 숨긴 채 살아가야 한다는 사실은 치욕스럽고 한탄스러운 일이었다. 그는 목숨을 부지하려고 그리스도교 신자인 듯이, 우둔한 자인 듯이 행세했다. 심지어 얼마 동안 수도자 생활을 하기도 했다. 자식이 없었던 콘스탄티우스는 결국 율리아누스를 부제(카이사르)로 공식 선언한다. 그렇지만 콘스탄티우스는 그를 갈리아로 파견했는데, 일종의 추방인 셈이었다. 갈리아에서도 율리아누스는 군 병력이나 자금을 거의 지원받지 못했으며, 감시인들에게 둘러싸였을 뿐 독자적인 통치권도 거의 주어지지 않았다.

당시에는 여러 게르만 부족이 자주 라인 강을 넘어 갈리아를 침략했다. 율리우스 카이사르가 갈리아를 정복하기 전에도 그랬으며, 그 후로도 침입은 그치지 않았고, 마침내 소수민족인 프랑크족이 단독으로 별 어려움 없이 갈리아의 모든 지방을 굴복시킬 때까지 침략은 계속되었다.

---

34 브루투스(Brutus, Lucius Junius) 로마의 건국 신화에 나오는 로마 공화제의 전설적 창시자. 역사상의 인물이라고도 하지만, 실재한 인물인지에 대해서는 의심스러운 점이 많다. 어렸을 때 아버지와 형제들이 독재 군주 타르퀴니우스 수페르부스에 의해 처형당하는 광경을 목격한 브루투스는 바보로 위장하여 목숨을 건졌다. 이후 그는 사람들의 조롱거리가 되어 왕실 주변에서 자라면서 복수할 기회를 엿보았다. 그리고 마침내는 왕정을 타도하고 공화제를 탄생시켰다. 본문에서 저자는 브루투스의 사례에 빗대어 율리아누스가 콘스탄티우스 치하에서 어떤 처지였는가에 대해 말하고 있다.

광신의 무덤

율리아누스는 군대를 조직하고 단련시켜 마침내 충성스러운 군대를 만들어냈다. 그는 군대를 이끌고 스트라스부르까지 진격했고, 선교를 이용하여 라인 강을 건넜다. 수적으로는 열세였지만 사기가 충천했던 군대를 이끌고서 율리아누스는 엄청난 병력의 야만인들과 싸워 승리를 거뒀다. 그는 적장을 포로로 잡아들이고, 헤르키니아 숲까지 적군을 추적했으며, 로마인과 갈리아인 포로들, 그 야만인들이 빼앗아간 전리품을 되돌려 받고 공납을 바치게 했다.

율리아누스는 율리우스 카이사르의 과감한 행동력, 그리고 티투스와 트라야누스 황제의 덕성을 겸비한 인물이었다. 도처에서 밀을 공급받아 황폐화된 농촌 주민들에게 식량을 나눠주었으며, 토지를 개간하고 도시들을 건설하고 지역 주민에게 용기를 불어넣어주고, 재능 있는 사람들에게는 혜택을 주어 예술과 기술을 장려했다. 율리아누스는 백성들의 행복을 위해 자신은 잊어버리고 불철주야 일에 몰두했다.

이에 대한 보상이었는지 콘스탄티우스는 율리아누스를, 그를 따르는 갈리아 백성들에게서 떼어놓기 위해 일을 꾸몄다. 콘스탄티우스가 율리아누스가 친히 조직한 두 개의 군단을 차출하도록 명했던 것이다. 율리아누스 휘하의 병사들은 분개했고, 황제의 명에 따르기를 거부했다. 이들은 율리아누스를 황제로 추대했다. 율리아누스가 페르시아를 향해 진군하고 있을 때, 그 땅은 이미 콘스탄티우스의 통치에서 벗어나 있었다.

매우 어리석게도 그리스도교 사제들이 "배교자"라 이름붙인 스토아 철학자 율리아누스는 동방과 서방의 모든 백성들에 의해 만장일치로 황제로 옹립되었다.

진실의 힘은 위대하다. 그리스도교 역사가들조차도 율리아누스는 황제가 된 뒤에도 갈리아에서 행했던 그대로를 실천했다고 증언했으나 말이다! 그의 철학자다운 태도는 언제나 변함이 없었다.

율리아누스는 가장 먼저 콘스탄티노플 궁전에서 콘스탄티누스와 콘스탄티우스 치하에서의 호사스러운 생활 방식을 개혁하는 작업에 착수했다. 두 황제는 대관식 때 로마제국의 모든 도시들로부터 꽤 무게가 나가는 금관을 선물 받았는데, 율리아누스는 이를 폐지하고 소박한 선물로 대신하게 했다. 철학자로서의 검소함과 소박함은 정의로운 군주의 위엄을 조금도 손상시키지 않았다. 궁정의 모든 악습과 백성들을 착취하던 관습을 과감하게 없앴다. 이렇듯 각 분야에서 수많은 개혁이 이루어졌지만, 그의 치하에서 처형당한 자는 공금을 횡령한 관리 단 두 명뿐이었다.

사실 그는 세례를 받지 않았지만, 덕성을 저버린 적은 없었다. 어떤 사람들은 그를 미신 신봉자라고 비난한다. 하지만 그러한 비난은 그가 무신론자가 아니라 신앙을 갖고 있었다는 증언일 뿐이다. 게다가 황제인 그가 로마제국의 종교를 선택하지 말았어야 하는가? 나지안조스의 그레고리우스[35]나 테오도레트Theodoret의 종교가 아닌, 스키피오[36]나

---

[35] 그레고리우스(Gregory of Nazianzus, 329?~390) 소아시아 나지안조스(터키의 카파도키아)의 주교이자 그리스 교부의 대표적 인물. 삼위일체설을 확립하는 데 큰 공헌을 하였다. 삼위일체에 대해 "하나를 생각하는 즉시로 셋의 광채로 둘러싸이며, 셋을 분별하자마자 즉각적으로 하나로 되돌아간다"고 말했다고 한다.

[36] 스키피오(Scipio)는 고대 로마의 성(姓)이다. 로마제국 역사에는 이 성을 가진 수많은 정치가와 장군들이 있다.

역대 카이사르들이 믿었던 종교를 따르는 게 죄가 된단 말인가?

그 당시 로마 종교와 그리스도교가 로마제국을 양분하고 있었다. 율리아누스는 자기 조상들의 종교를 선택했는데, 이는 정치가로서 당연한 일이지 않은가? 전통적인 로마 종교가 지배하던 시대에는 로마가 세상의 땅을 절반이나 차지하는 영광을 누렸으나, 새로운 종교가 득세하면서 모든 게 쇠락의 길로 접어들기 시작했으니 말이다.

율리아누스는 그리스도교인을 박해하기보다 그들의 무익하고 하찮은 논쟁을 진정시키려 애썼다. 이를 증명하기 위해서는 그의 52번째 서신 한 장이면 충분하다고 필자는 생각한다.

전임 황제 치하에서는 여러 그리스도교인들이 추방되고 투옥되고, 심지어 처형을 당했습니다. 그뿐만 아니라 사모사타, 파플라고니아, 비시니아, 갈라티아 및 그 외 여러 속주에서 이단이라 불리는 자들 다수가 살해당했습니다. 약탈과 도시를 파괴하는 일도 빈번했지요. 그러나 제가 통치하면서부터 추방된 자들은 귀환했으며, 몰수된 재물은 돌려받았습니다. 그런데도 그들은 잔혹 행위를 마음대로 저지르고 서로 간에 폭력을 행사할 수 있는 자유를 보장받지 못했다고 해서 불평을 늘어놓을 만큼 광기에 사로잡혀 있습니다.

그리스도교 사제들이 그동안 율리아누스에게 퍼부은 중상모략의 실체가 어떤 것인지 제대로 파악하기에 이 편지 한 장이면 충분하지 않은가?

알렉산드리아에는 그런 그리스도교인들 중에서도 가장 선동적이고 쉽게 격분하는, 게오르기우스라는 주교가 있었다. 그는 추종자들을 거느리고 다니면서 이교도들에게 폭력을 행사하고 신전을 파괴했다. 더 이상 참을 수 없었던 알렉산드리아 주민들은 그를 살해했다. 이에 대해 율리아누스가 알렉산드리아 주민들에게 어떻게 말하고 있는지 그의 열 번째 서신을 보자.

아! 그대들은 그동안 얼마나 큰 피해를 입었는지 내게 먼저 보고하는 대신, 분노에 휩쓸리는 우를 범하고 말았군요! 적들에게 비난하던 바로 그 무절제한 행동을 그대들이 몸소 저질렀으니 말이오! 게오르기우스는 그런 일을 당해 마땅하지만, 형을 집행하는 사람은 그대들이 아닙니다. 우리에게는 법이 있습니다. 따라서 사법부에 도움을 청하는 게 옳습니다.

필자는 늘 편파성이 강한 교회사에 기록된 내용을 여기서 되풀이하거나 반박하고 싶지 않다. 그보다는 로마제국의 영광과 번영에 기여하기에는 너무 짧은 인생을 살다간 율리아누스의 죽음 이야기로 넘어가려 한다.

율리아누스는 티그리스 강과 유프라테스 강을 건너가 페르시아군을 상대로 눈부신 전과를 올리던 중 31세의 나이로 죽음을 맞았다. 그는 생전의 모습 그대로, 자신의 영혼을 성스러운 우주의 영혼에 합치시킬 지고의 존재에게 감사드리며 스토아 철학자다운 체념의 태도로 죽어갔다.

그런 율리아누스가 마지막 순간에 하늘을 향해 자신의 피를 뿌리며 "갈릴리인이여, 당신이 이겼소!"라고 외쳤다고 쓴 나지안조스의 그레고리우스나 테오도레트의 글을 읽을 때면, 분노를 참기 어렵다.[37] 이렇게 파렴치하고 얼토당토않은 일이 또 있을까? 율리아누스가 예수를 상대로 싸우기라도 했단 말인가? 아니면 예수가 적국인 페르시아의 신이었는가?

율리아누스가 죽은 뒤, 다혈질의 나지안조스의 그레고리우스가 그를 비난하면서 썼던 글들을 읽어보면, 역겨움과 불쾌함을 감출 수 없다. 사실 율리아누스가 조금 더 오래 살았더라면, 그리스도교는 폐지되었을지도 모른다. 물론 율리아누스는 아시아와 북아프리카 전 지역에서 그리스도교를 소멸시킨 장본인인 무함마드보다 더 위대한 인물이었다. 하지만 세상의 모든 것은 운명에 굴복한다.

문맹인 아랍인이 역시 문맹인 유대인이 창시한 종교를 와해시켰다. 위대한 황제이자 철학자도 이루지 못한 일을 성공적으로 해냈던 것이다. 그렇지만 한 가지 분명한 것은 무함마드는 그럴 수 있을 만큼 충분히 오래 살았지만, 율리아누스는 그렇지 못했다는 사실이다.

그리스도교인들은 율리아누스가 불신앙으로 인한 징벌로 31세까지밖에 살지 못했다고 궤변을 늘어놓았다. 그들이 하느님이라 칭하는 이도 그보다 그리 더 오래 살지 못했다는 사실[38]을 잊고 있는 것은 아닌지!

---

37 율리아누스는 362년 7월 페르시아군과 교전 중에 치명상을 입고 사망했다. 그때 그는 "헬리오스(태양신)여, 당신은 나를 버렸다"고 했다고 한다. 그런데 본문에서 말하는 것처럼 이 말이 나중에는 그리스도교 문헌에 "갈리아인(그리스도자의 별칭)이여 당신이 승리했소"라는 패배고백으로 변질되었다고 한다.

38 당연히 예수를 지칭하는 것이다. 인간 예수는 기원전 4년에 출생하여 기원후 30년에 사망했다고 보는 것이 정설이다.

33장

율리아누스에 대한 고찰

실천적인 스토아 철학자였으며 그 학파보다 더 높은 수준의 덕성을 지니고 있었던 율리아누스는, 이론적으로는 플라톤 철학자였다. 그의 숭고한 정신은 옛 칼데아인으로부터 영향을 받은 플라톤의 숭고한 사고, 곧 영원히 존재하는 신이 영원한 존재들을 창조했다는 견해를 수용하고 있었다. 그 순수하고 불멸하고 불변하는 신이 만들어낸 것은 자신과 닮은 존재들, 곧 그 장엄함의 이미지들이었는데, 신은 이들에게 필멸의 존재들을 창조하라고 명했다. 간단히 말하면, 신은 하위 신들을 창조했고, 그 신들이 우리 인간을 만들어냈다는 것이다.

이 장엄한 이론이 입증된 바는 없다. 하지만 이러한 상상력은, 서로 800리외(1리외는 약 4킬로미터)나 떨어져 있는 나일 강과 유프라테스 강의 공동 수원지가 있는 어떤 동산이 있으며, 그곳에는 선악을 구분할 줄 아는 능력을 준다는 나무 한 그루, 남자의 갈비뼈에서 나온 여

자, 말하는 뱀, 문을 지키는 케루빔이 있다는 허무맹랑한 이야기보다
는 훨씬 나아 보인다. 무지하고 저급한 유대인들은 페니키아인에게서
빌려온 그 설화에 혐오스럽고 구역질나는 망상들을 가득 채워놓았다.
키릴로스[39]의 글을 읽다보면, 유창한 언변으로 그 이야기들의 부조리
함을 지적하는 율리아누스의 모습이 보이는 듯하다. 키릴로스는 율리
아누스를 논박하는 글을 쓰면서, 오히려 율리아누스가 제시한 합리적
인 논거들을 우리에게 상세히 전해주고 있다.

율리아누스는 에덴동산에서 선악을 식별하는 능력을 주는 열매를
열리게 하고는 열매를 따먹지 못하게 했다는 하느님의 본성을 자신이
얼마나 혐오하는지 보여주고자 했다. 그보다는 오히려, 우리 인간에게
꼭 필요한 그 열매를 먹도록 권고해야 옳지 않은가? 선과 악, 정의와
불의를 구분할 줄 아는 능력은 하느님께서 손수 만들어내신 피조물
들에게 반드시 먹여야 할 젖이 아닌가? 인간들이 분별력을 키우는 것
을 방해하느니 차라리 두 눈을 찌르는 편이 낫지 않은가?

---

39 키릴로스(Kyrillos, 376?~444) 5세기 전반의 알렉산드리아 주교. 그리스도교의 그리
스도론과 삼위일체론에 가장 큰 공헌을 한 신학자 중 한명이다. 이집트 알렉산드리
아의 총대주교가 된 후에 당시 콘스탄티노폴리스 총대주교였던 네스토리우스와 삼
위일체를 둘러싸고 치열한 논쟁을 벌였다. 네스토리우스는 예수가 신격과 인격이라
는 두 개의 페르소나(위격)를 가지고 있다고 주장하였으며, 따라서 성모 마리아는
신격의 어머니가 아니므로 하느님의 어머니라고 불러선 안 되며, 그렇기에 "그리스
도의 어머니" 정도만 허용된다고 보았다. 그러나 키릴로스는 신성과 인성이라는 두
본성이 결합되어 하나의 페르소나(위격)를 이룬다고 보았다. 이 같은 그의 주장은
에페소스 공의회에서 네스토리우스파를 단죄하는 가장 핵심적인 이론이 되었다. 본
문에서 키릴로스가 율리아누스를 논박한 글은, 율리아누스 황제가 죽은 지 80년이
지난 후에 쓴 「율리아누스에 반대하여」라는 제목의 글이다.

창세기라는 동방 설화의 저자가 조금이라도 재치가 있는 자였다면, 낙원에 나무 두 그루가 있었다고 이야기했을 텐데. 하나는 인간의 영혼을 살찌우고 정의를 가르치고 사랑하게 하는 열매를 맺는 나무이고, 다른 하나는 인간의 마음을 해로운 열정들로 타오르게 하는 열매를 맺는 나무다. 그런데 인간은 지혜의 나무를 멀리하고 탐욕의 나무에 집착했다고 말이다.

이성을 쉽게 남용하는 우리 인간의 성향을 잘 표현하고 있는 이미지이며, 그에 대한 적절한 비유라고 할 수 있다. 율리아누스라면, 이런 식의 설명을 하지 않았을까? 하지만 그는 성서라는 책을 그다지 중요하게 여기지 않았기에, 일일이 교정하고 설명할 필요성을 느끼지 못했던 것 같다.

유대인들이 신의 율법으로 여기는 그 유명한 십계명을 율리아누스가 무시했던 데에는 그만한 이유가 있었다. 절도, 간통, 살인을 금하는 로마 법률과 비교하면, 유대인의 십계명은 사실 유치하고 우스꽝스러운 법이었다. 천둥과 번개가 요란하게 내려치는 중에 하느님께서 나무들도 자라지 않는 야산에 내려와 도둑질을 하지 말라고 가르쳤다는 이야기는 듣기에도 민망할 정도다! 바로 그 하느님께서 유대인들에게 이집트인을 상대도 도둑질을 하도록 명하고, 이방인들을 상대로 고리대금업을 하라고 부추기고, 도둑질을 한 야곱에게는 상을 주시지 않았던가?

통찰력과 명민함을 두루 갖춘 그 훌륭한 황제는 '유대 예언'(이를 근거로 하여 앞으로 여러 그리스도교 신학자들이 황당무계하고 터무니없는 망상들을 지어낸다!)이라고 하는 것들을 타파하려 애썼다. 다리 사이가 아닌 다른 곳에 있을 리 없는 그 유다의 홀笏, 아이를 낳은 동정녀, 그중에서도 특히 "모세가 한 말을 보면 주님이신 이스라엘의 하느님께서는 나를 보내셨던 것과 같이 이스라엘 민족 가운데서 예언자 하나를 세워주실 터인데 너희는 그 예언자의 말을 잘 들어야 한다"(사도행전 3:22, 7:37)는 모세가 발설했다는 말(여기서의 예언자는 여호수아를 가리키지만, 예수를 가리킨다고 그들은 주장한다)이 그렇다. 모세와 닮은 예언자가 하느님이나 하느님의 아들일 리 없지 않은가! 여기서 사용된 이미지들은 모두 무지하고 저급한 유대인의 수준에 걸맞게 지나치게 구체적이고 거칠다.

그렇지만 율리아누스는 정치적인 이유로 예언이나 점술, 희생 제물의 효력을 믿는 체했다. 백성들은 철학자가 아니었기 때문이다. 그리스도교도인의 광기와 이교도의 광기, 둘 중 하나를 선택해야 했던 것이다.

그 위대한 인물이 조금 더 오래 살았더라면, 시간을 들여 천천히 종교에게서 저급한 미신적 요소들을 제거하고, 로마인들에게는 신들과 인간을 만들어낸 신의 존재를 가르치고 그분을 섬기도록 인도했으리라고 필자는 확신한다.

그러나 키릴로스와 나지안조스의 그레고리우스를 비롯한 여러 그리스도교 사제들은, 율리아누스가 이교도임을 공언했다고 해서(정치적인 이유로 어쩔 수 없이 그랬지만 어쨌든) 광신도들을 상대로 혹독하게 그를 비난했다. 그를 공격할 때는 아리우스파와 아타나시우스파가 결집했다. 역사상 가장 위대한 인물들 중 한 사람인 율리아누스는 이렇게 해서 "배교자"라 불리는 무용한 존재가 되고 말았다.

34장

테오도시우스 시대까지의 그리스도교인

율리아누스가 죽은 뒤, 그의 치하에서 억눌려 있던 아리우스파와 아
타나시우스파 신자들은 또 다시 로마제국 전역을 혼란으로 몰아넣
었다. 양쪽 진영의 주교들이 폭도들의 우두머리 노릇을 했다.

   광기어린 수도사들은 테바이드 사막에서 나와, 『사막 교부들의 역
사l'histoire des pères du désert』에도 수록된 황당무계한 기적 이야기를 지
껄이면서 불화의 씨앗에 부채질을 했다. 수도사들은 로마 황제에게 욕
설을 퍼붓고, 혹시라도 수도사들이 지배하는 시대가 도래한다면 어떤
모습이 펼쳐질지 어렴풋이 보여주었다.

   이 모든 분쟁을 진정시키고자 하는 목적으로 백성들에게 양심의
자유를 보장하고 자신도 그렇게 처신했던 현명한 황제가 있었는데, 그
가 바로 발렌티아누스 1세[40]다. 그의 통치 시기 중 적어도 몇 년간은

---

40 발렌티아누스 1세(Valentinianus I, 321~375) 황제 즉위 후 라인강 상류의 게르만족

모든 종파가 겉으로나마 평화로이 공존했다. 서로를 파문하거나 비난 했지만, 살해하는 일은 없었다. 이교도, 유대교도, 아타나시우스파, 아리우스파, 마케도니우스파, 도나투스파, 키프리아누스파, 마니교도, 아폴리나리우스파 등 모두가 평온함에 놀라워했다. 발렌티아누스 황제는 통치자의 운명을 타고난 자들에게, 두 종파가 나라를 분열시킬 수 있지만, 무려 서른 개나 되는 종파가 존재한다 해도 그들을 용인한다면 국가는 평온할 수 있다는 가르침을 남겼다.

하지만 테오도시우스 1세[41]는 그렇게 생각하지 않았으며, 모든 것이 한순간에 위태로워졌다. 그는 처음으로 아타나시우스파를 옹호한 황제였으며, 그의 불관용으로 인해 불화의 씨가 또 다시 싹트기 시작했다. 그는 이교도와 소외된 자들을 박해했다. 그뿐만 아니라 비겁하게도 고트족에게 다뉴브 강 오른편에 위치한 몇 개 지역을 내주는 게 낫다는 판단을 내렸다. 백성들로부터 공감을 얻어내지도 못한 그 한심한 예방책은, 결국 로마제국의 붕괴를 가속화하는 결과를 낳았다.

들과 싸워 북쪽 변경의 방어선을 구축하였다. 또 색슨족의 브리타니아 침입이나 아프리카 무어족 봉기는 테오도시우스를 기용하여 격퇴하였다. 정통파 그리스도교도 였지만, 종교문제에 관해서는 관용·불간섭 정책을 택하였다. 그는 희생 제의나 남을 저주하는 의식만 하지 않는다면 이교의 제의를 수행하는 것도 허용하였다.

41 테오도시우스(Theodosius I, 346~395) 동로마와 서로마 모두를 통치한 마지막 로마 황제. 그의 사후 로마제국은 동로마와 서로마로 완전히 분리되어 다시는 통일되지 않았다. 그리스도교를 로마제국의 공식적인 국교로 만든 인물로서, 그의 강력한 그리스도교 부흥 정책 때문에 그리스도교 역사가들로부터 대제의 칭호를 받았다. 380년에 세례를 받은 그는 모든 시민이 니케아 신경을 신봉해야 하는 칙령을 발표하였으며, 삼위일체설을 믿는 이들만 보편적인 그리스도인(가톨릭)으로 인정하였다. 이때 가톨릭이라는 호칭이 문서에 처음 등장하였다. 이교에 대한 정책은 당연히 배타적이었을 뿐 아니라 이교 숭배는 로마 전역에서 불법으로 규정되었다.

주교들도 황제를 본받아 박해의 광란에 가담했다. 테오도시우스와 함께 공동황제였던 그라티아누스[42]를 퇴위시키고 살해한 다음 영국과 갈리아, 스페인의 지배자가 된 폭군[43]이 있었다. 스페인에서는 프리실리아누스[44]는 사람이 그 시대의 여러 사람들이 그러했듯이 스스로 교리를 세우고 영혼은 하느님에게서 유출된 것이라 주장했다. 그런데 영혼이 어디서 유래한 것인지 프리실리아누스보다 더 잘 알지 못하는 몇몇 스페인 주교들이 프리실리아누스와 그의 추종자들을 폭군 막시무스에게 고발했다. 찬탈한 황제 지위를 유지하기 위해서는 주교들의 도움이 필요했던 막시무스는 그들의 환심을 사기 위해 프리실리아누스와 그의 추종자 일곱 명을 처형했다. 프랑스의 보르도에서는 미신이나 광신에 사로잡혀 있을 때 한없이 어리석고 잔인해지는 하층민 신도들이 프리실리아누스파라고 알려진 어느 귀족층 여인을 돌을 던져 죽이는 사건이 벌어졌다.

프리실리아누스 재판은 로마 제정 초기에 있었던 순교들, 그리스도교인들이 온 세상을 떠들썩하게 했던 그 순교들에 비해 훨씬 더 사실

---

42 그라티아누스(Flavius Valentinianus, 359~383) 발렌티아누스 1세의 아들로 태어났다. 367년 아버지 발렌티아누스 1세는 당시 아홉 살인 그라티아누스를 공동황제로 임명하였다. 재위 중 고트족과의 전투에서 패하자 테오도시우스를 발탁하여 제국 동부의 황제로 임명하였다. 자신은 제국의 서방을 통치하였으며, 과거 로마의 다신교적 전통에서 벗어나 그리스도교의 우위를 강조한 황제로 알려져 있다.

43 마그누스 막시무스(Magnus Maximus, 335?~388)를 말한다.

44 프리실리아누스(Priscillians, 340?~385) 4세기에 스페인에서 독자적인 종파를 창시한 인물. 엄격한 금욕생활을 실천하였고, 모범적인 생활로 많은 지지자를 얻었다. 당시 스페인으로 흘러들어온 그노시스주의와 마니교를 받아들여 독자적인 교리를 만들어냈다. 이후 황제 막시무스에 의해 이단으로 단죄를 받아 처형당했다.

임이 입증된 사례다. 그 가련한 자들은 자신들이 피해자라며 울고불고 하소연하던 바로 그 범죄를 저지르면서 자기 몸을 더럽히는 게 하느님을 기쁘게 해드리는 것이라 믿었다. 이때부터 그리스도교인들은 미끼를 받아먹은 사냥개가 되었으며, 피에 굶주린 존재가 되었다. 그런데 이들은 20여 개의 야만족에게 침략당한 로마제국을 수호하기 위해서가 아니라, 로마의 전통 종교 신봉자들 혹은 자기들과 견해가 다른 형제들을 박해하는 데 살육을 서슴지 않았다.

그리스도교 신자들이 성 키릴로스라 부르는 키릴로스 주교의 사제들이 보여준 것보다 더 끔찍하고 비열한 행동이 또 있을까? 알렉산드리아에는 미모와 재기로 이름 높았던 젊은 여성이 있었는데, 그의 이름은 히파티아[45]였다. 부친인 철학자 테온에게 가르침을 받은 그녀는 415년에 부친의 뒤를 이어 강단에 섰다. 히파티아는 높은 학식뿐만 아니라 고매한 성품으로도 칭송이 자자했다. 하지만 그녀는 이교도였다. 그래서 키릴로스의 삭발한 개들은 광신도 무리를 이끌고서, 강의를

---

45 히파티아(Hypatia, 355~415) 이집트 신플라톤파의 대표적 철학자, 수학자. 알렉산드리아의 수학자이자 천문학자이던 테온의 딸이다. 역사에 기록된 최초의 여성 수학자로 알려져 있다. 철학학교의 교장으로, 수학과 플라톤의 철학을 새롭게 정립한 네오플라토니즘 등에 대해 강의하였다. 학자로서 또 교양을 갖춘 여성으로서 인기가 높았으며, 따르는 제자들도 많았다고 한다. 당시 알렉산드리아는 로마제국에 속했으며 다신교와 그리스도교가 서로 대립하였고, 그 밖에도 다른 종교들이 뒤섞여 분쟁이 자주 발생했다. 그런데 당시 주교 키릴로스가 히파티아의 철학을 이단으로 규정하자 광분한 그리스도교도들이 본문에 나오는 것처럼 히파티아를 이교의 선포자라 하여 강제로 끌고 가서 참살하였다. 이 사건 이후 알렉산드리아는 많은 철학자들이 떠나면서 학문의 중심지라는 명성을 잃게 되었고 도시는 쇠락하면서 결국에는 문화적으로 낙후된 곳으로 전락하고 말았다.

마치고 돌아가던 그녀를 습격했다. 그들은 그녀의 머리채를 잡고 끌고 다니며 돌을 던지고 나중에는 불에 태워 죽였다.

성인 키릴로스는 그들을 조금도 질책하지 않았으며, 그 당시 동로마 제국을 공동으로 통치하던 테오도시우스 2세와 그의 누이인 독실한 풀케리아 역시 그런 비인간적인 행위를 처벌하지 않았다. 이러한 상황에서 법을 무시하는 그들의 태도는 놀라울 것도 없다. 그들의 선조인 테오도시우스 1세 치하에서 수많은 데살로니가 주민을 무고하게 학살했던 참혹한 사건[46]도 있었으니 말이다.

---

46 390년 데살로니가에서 로마군이 주민과의 다툼 끝에 살해당하는 사건이 일어나자 테오도시우스는 철저히 보복할 것을 명령했다. 그러자 당시 밀라노 주교였던 암브로시우스는 테오도시우스에게 선처를 호소했지만, 테오도시우스는 무시하고 약 7천 명의 주민들을 학살했다. 이에 암브로시우스는 학살을 비판하면서 황제에 대한 성체배령을 거부하였다. 황제는 결국 자신의 잘못을 시인하고 용서를 구한 후에 성체성사에 참여할 수 있었다. 이 사건은 일개 교회의 성직자에게 황제가 굴복한 사건으로, 그리스도교 내에서 교권과 속권의 첫 번째 대립이었고, 이후 종교와 권력의 관계를 암시하는 사건으로 각인되었다.

35장

이슬람교의 성립까지 그리스도교의
여러 종파와 그리스도교인의 불행

논쟁, 파문, 박해가 그리스도교 교회에 만연했다. 예수라는 존재 내에 인성과 신성을 결집시킨 것으로는 만족하지 못했는지, 이번에는 "마리아가 하느님의 어머니인가?" 하는 문제를 놓고 논쟁을 벌였다. 콘스탄티노플의 주교 네스토리우스는 하느님의 어머니라는 칭호를 신성 모독적이고 불경한 것으로 판단했는데, 이것은 사실 가장 타당한 견해였다. 하지만 예전에는 네스토리우스 자신이 박해자였던 것처럼, 이제는 그를 박해하는 주교들이 있었다. 결국 에페소스 공의회에서 네스토리우스는 주교직을 박탈당한다. 그와 동시에, 공의회에 참석한 30인의 주교들은 네스토리우스의 숙적이었던 성 키릴로스를 면직시켰다. 이 시기에 동방 전 지역이 분열되었다.

논쟁은 여기서 그치지 않았다. 예수가 두 개의 본성, 두 개의 인격,

두 개의 영혼, 두 개의 의지를 지니고 있었는지, 또 그가 인간으로서 동물적 기능을 할 때 신성한 부분은 개입하는지 아니면 개입하지 않는지를 알고 싶어 했다. 이 모든 문제들은 프랑스 작가 라블레나 우리의 친애하는 사제장 스위프트의 작품, 혹은 펀치Punch[47]에서나 다뤄질 주제들이 아닌가?

네스토리우스와는 원수지간으로, 다른 계파의 수도사들에게 공격을 받았던 광신적인 수도원장 유티케스[48]까지 여기에 가세하여 로마 제국은 삼분되었다. 수도원들끼리, 독실한 신도끼리, 환관들끼리, 공의회들끼리, 심지어 황제들끼리 각 분야 별로 서로 간에 다툼을 벌였다.

카밀루스[49], 브루투스, 스키피오, 카토[50]의 후손들이 그리스인 및 야

---

47 영국의 전통 인형극

48 유티케스(Eutyches, 380~456) 콘스탄티노플의 대수도사제로서 그리스도 안에 하나의 본성만 있다는 단성론을 주장하였다. 그의 단성론에 따르면, 그리스도는 사람이 되기 전에 두 본성이 있었지만 사람이 된 후에는 둘이 하나로 합일되었다는 것이다. 이런 주장 때문에 431년 1차 에페소스 공의회에서 이단으로 단죄 받았다. 이후 에페소스에서 열린 전체 공의회에서 잠시 복권되었지만 451년 칼케돈 공의회에서 최종적으로 이단 판정을 받고 추방되었다.

49 카밀루스(Camilus, 기원전 446?~기원전 365) 고대 로마의 장군, 정치가. 여러 차례 전쟁에서 승리하였으며, 켈트인이 로마시를 점령하였을 때 독재관에 임명되어 적을 무찌르고 빼앗겼던 황금을 되찾았다. 그로 인해 로물루스를 잇는 로마 제2의 건국자로 일컬어졌다.

50 고대 로마의 역사에서 카토라는 성으로 가장 널리 알려져 있는 인물은 대 카토와 소 카토다. 대 카토는 정치가였던 마르쿠스 포르키우스 카토(Marcus Porcius Cato, 기원전 234~기원전 149)이며, 소 카토는 대카토의 증손자인 마르쿠스 포르키우스 카토(Marcus Porcius Cato Uticensis, 기원전 95~기원전 46)을 말한다. 소 카토는 로마 공화정 말기의 정치인으로 율리우스 카이사르와 대적하여 로마 공화정을 수호한 것으

만족들과 뒤섞여 신학의 진창 속을 허우적대고 있을 때, 로마제국 전역에 혼란과 무질서가 만연해 있을 때, 싸움밖에 모르는 북방의 도적들이 내려와서, 허약하고 부실하며 덩치만 큰 대국으로 전락한 로마제국을 분할했다.

승리를 거둔 그 도적들은 광신적인 백성들을 통치해야 하는 처지가 되었다. 먼저 그들의 종교를 장악하고, 그들 스스로가 옭아매어놓은 고삐를 붙잡고서 그 짐바리 짐승들을 조종하는 게 가장 손쉬운 방법이었다.

각 분파의 주교들은 정복자들을 자기편으로 끌어들이려고 애썼다. 그리하여 동고트족, 서고트족, 부르군트족의 군주들은 아리우스파 신도가 되고, 프랑크족 군주들은 아타나시우스파 신도가 되었다. 붕괴된 서로마제국은 유혈이 낭자한 여러 지역으로 분할되었으며, 지역들 간에도 종교적 문제를 빙자한 상호 비방은 계속되었다. 로마제국 내에서도, 그리스도교 내에서도 무질서와 혼란, 비열함이 만연했다.

콘스탄티노플의 비겁한 황제들은 이탈리아 및 나머지 속주들에 대한 지배권을 요구하는 체했다. 사실 그들은 그 영토들에 대한 소유권도, 지배권도 가져본 적이 없었다. 그런데 7세기에 새로운 종교가 출현했는데, 이 종교는 곧 아시아와 아프리카, 그리고 유럽의 일부분에서 그리스도교의 여러 종파들을 소멸시켰다.

로 유명하며, 스토아학파의 철학자이기도 하였다. 그는 당시 부패가 만연한 로마의 정치 상황에서 완고하고 올곧은, 청렴결백함의 상징적 인물이었다.

이슬람교는 분명히 그리스도교보다 더 합리적인 종교였다. 유대 민족을 혐오하면서 특정 유대인을 숭배하는 법이 없었고, 어느 유대 여인을 하느님의 어머니라고 부르는 일이 없었으며, 세 분의 하느님이 한 분 하느님이 된다고 주장하는 황당무계한 불경죄를 저지르지도 않았다. 게다가 그토록 찬양하는 '하느님을 먹어치우는 일'[51]도 일어나지 않았다. 전능한 유일신을 믿는 것이 이슬람교의 유일한 교리였다. 무함마드가 그의 예언자라는 주장을 덧붙이지 않았더라면, 중국학자들의 종교만큼이나 순수하고 멋진 종교가 되었을 텐데. 이슬람교는 단순한 유신론이자 자연종교였다. 따라서 그것은 하나밖에 없는 진정한 종교였다. 애당초 무함마드가 신은 단 한 분밖에 존재하지 않는다고 아랍인들에게 가르쳤으므로, 무슬림들이 무함마드를 신의 도구라고 부르는 것쯤은 기꺼이 눈감아줄 수도 있지 않을까!

어쨌든 무슬림들은 무기와 언어로써 콘스탄티노플 문턱까지 전 지역에서 소란스러운 그리스도교인들을 잠잠케 했다. 이런 상황에서도, 서방의 몇몇 속주에 빼곡히 몰려든 그리스도교인들은 서로를 헐뜯으며 논쟁을 지속했다.

---

51 가톨릭교회에서 미사 때마다 빵과 포도주가 예수의 몸과 피로 바뀌는 성변화가 일어나며, 그것을 신자들이 받아 모시는 의식을 행한다. 본문에서 말한 '하느님을 먹어치우는 일'은 이것을 말한다.

광신의 무덤

36장

교황들의 횡포에 대한 간략한 서술

야만족들의 침략으로 유럽은 영토가 점점 축소되어가는 비참한 상황을 맞고 있었다. 테오도리쿠스[52] 및 샤를마뉴[53] 치하에서 수준 높은 법률이 제정되어 역사에 한 획을 그었던 시기도 있었다. 하지만 프랑크족과 게르만족 혼혈인 샤를마뉴는 오늘날 어떤 군주도 감히 엄두

---

52 테오도리쿠스(Theodoricus, 454~526) 동고트 왕국의 초대 국왕이며 로마제국의 군인이자 이탈리아의 군주. 종교적으로는 아리우스파 신자였으며, 그로 인해 재위 말에 로마 황제 유스티니아누스 1세와 마찰이 생겼다. 비록 양국의 관계가 나빠지기는 했으나 테오도리쿠스가 살아 있는 동안에 충돌은 없었다.

53 샤를마뉴(Charlemagne, 742~814) 카롤링거 왕조의 제2대 프랑크 국왕. 카를 대제 또는 카롤루스 대제로 부르기도 한다. 몇 차례의 원정으로 영토 정복의 업적을 이루고 서유럽의 정치적 통일을 달성했다. 중앙집권적 지배를 가능하게 하면서 지방봉건제도를 활용했고, 로마 교황권과 결탁하여 서유럽의 종교적인 통일을 이룩하고 카롤링거 전성기를 이룩했다. 오늘날 서유럽의 토대를 건설한 군주로 평가받고 있다.

를 내지 못할 야만스러운 짓을 저질렀다. 색슨족의 절반을 학살하고 나머지 절반을 그리스도교로 개종시켰다고 해서 샤를마뉴를 칭송할 수 있는 자들은 아마도 비열한 로마 교황파 저술가들뿐일 것이다.

샤를마뉴 왕가가 쇠락의 길로 접어들었을 때, 로마 주교들은 통치권을 차지하려고, 왕권과 교회권을 모두 장악한 이슬람의 칼리프와 닮기 위해 무진 애를 썼다. 군주들의 분열과 백성들의 무지는 야심만만한 로마 주교들에게 이로운 여건이 되었다. 로마의 주교 그레고리우스 7세는 그 대담하고 야심만만한 계획을 만천하에 드러내며 실천에 옮기고자 했다.

그러나 다행스럽게도, 우리 영국의 왕위를 찬탈하고 나서는 우리나라의 영광과 그 자신의 영광을 더 이상 구분하지 않았던 노르망디 공국의 윌리엄은, 오만한 그레고리우스 7세를 좌절시켰으며, 우리가 교황에게 바치던 헌금, 처음에는 자발적인 기부금이던 것이 나중에는 로마 주교들이 강제로 부과하는 조세가 되어버린 헌금을 내지 않도록 조치를 취했다.

우리 영국의 왕들에게는 그 정도의 단호함이 없었다. 협소한 영토밖에 갖지 못하여 제대로 된 권력을 누려본 적이 없는 교황들이 몇 차례의 십자군 원정과 수도사들의 지원으로 유럽의 지배자가 되었을 때, 교황들은 숱한 황제와 왕을 퇴위시키고 종교를 가공할 무기로 삼아 유럽의 모든 군주들을 공격하였다.

그 당시 우리 영국에서는 무지왕無地王 존[54]이라는 불운한 왕이 봉

---

54 존(John Lackland, 1167~1216) 잉글랜드 헨리 2세의 막내아들로 출생 당시 프랑스

신으로서 교황 앞에 무릎을 꿇고, 교황의 사절로 파견된 판돌프의 발치에서 충성 서약을 함으로써 앞으로 그의 후임자들이 로마 주교에게 해마다 1천 마르크의 공납을 바쳐야 하는 상황을 맞고 있었다.

1천 마르크는 국왕의 1년 수입에 상당하는 액수였다. 우리 조상들 중 한 사람이 역사상 가장 치욕스러운 그 조약에 서명하는 불운을 겪었기에, 이 이야기를 해야 하는 필자가 느끼는 모멸감은 어느 누구보다도 더 클 수밖에 없다. 이것은 인간 본성의 품격을 손상시킨 데 대해 내가 마땅히 감내해야 할 형벌이리라.[55]

에 있던 영토가 위의 세 형들에게 모두 분배되었기 때문에 무지왕(無地王)이라는 별명을 얻었다. 캔터베리 대주교 선임 문제로 교황과 맞선 결과 파문당하고 왕위 박탈 처분을 받아 결국 굴복하였다. 프랑스 안의 영토를 되찾으려고 출병하였으나 귀족들의 종군 거부로 패하였으며, 1215년에 귀족들이 왕에게 맹세한 충성을 파기하고 반항한 결과, 마그나카르타 승인을 강요받고 부득이 승인하였다. 뒤에 이 마그나카르타를 없애기 위해 외국 용병을 끌어들여 귀족들과 전쟁을 벌였지만 전쟁 중에 죽음을 당했다.

55 이 책의 실제 저자는 볼테르이지만, 형식적으로는 잉글랜드의 헨리 세인트 존 볼링브룩 자작으로 되어 있다. 볼링브룩 자작이 무지왕 존의 후예인지는 확인하기 어렵다.

37장

그리스도교 박해의 잔혹성

거의 하루에 하나씩 나타난 새로운 교리들이 교황의 횡포를 조장하는 데 막대한 기여를 했으리라는 것은 의심의 여지가 없다. "수리수리 마수리" 식의 요술 같은, 이름만으로도 우스꽝스러운 성변화聖變化 이론[56]은, 그리스도교 초기 몇 세기 동안에는 완전히 생소한 것이었지만 점차 교리로 자리를 잡았다. 그때부터는 단 몇 마디 말로 순식간에 하느님을 만들어낼 수 있다는 사제나 수도사가 일반 신도들에게 얼마나 대단한 존재로 부각되었을지 짐작하고도 남는다.

---

[56] 그리스도교의 신학용어 중 하나로, 가톨릭의 성사인 미사(성찬례) 때 빵과 포도주가 예수의 몸과 피로 바뀌는 일 또는 그러한 믿음을 가리킨다. 그리스도가 빵과 포도주에 실재로 임재한다는 해석은 실재적 임재(real presence)로, 성만찬에서 빵과 포도주는 그리스도의 몸과 피를 상징한다는 해석은 상징설로 부른다. 전자의 해석은 주로 가톨릭 측에서, 후자는 주로 개신교 측에서 옹호하고 있다.

하느님을 단 한 분만 만들어내는 게 아니라, 바라는 만큼 얼마든지 만들어낼 수 있다고 하지 않는가! 하느님을 만들어내는 자들 위에 군림하는 절대적인 지배자가 된 이는 얼마나 열렬한 숭배 대상이 되었을까? 그는 사제들뿐만 아니라 군주들 위에 군림했으며, 이미 하느님 그 자체였다. 로마에서는 지금도 교황이 미사를 집전할 때, "존엄한 이가 존엄한 이를 받들고 있다"고 말한다.

유럽 전 지역에서 모두가 진흙탕 속을 허우적대고 있는 동안에도 그 새로운 교리들에 반박하는 사람들이 있었다. 그들은 교회의 초기 몇 세기 동안에는 주님의 만찬에서 빵이 하느님이 된다고 주장하는 사람은 아무도 없었으며, 예수님께서 주재하신 만찬에 나온 음식은 양상추를 곁들인 양고기 구이뿐이었고, 미사의 영성체와는 전혀 달랐다고 주장했다. 또한 초기 그리스도교인들에게는 이미지(성화聖畵)를 혐오하는 정서가 있었으며, 심지어 샤를마뉴 시대에 열린 그 유명한 프랑크푸르트 시노드[57]에서는 성화를 금지했다는 사실도 지적했다.

그 외 다른 항목들에 대해서도 조목조목 논박했다. 그들은 교황이 아무리 신적인 존재라 하더라도, 대모 혹은 7촌지간의 친척과 혼인했

---

[57] 782년 제2차 니케아 공의회에서는 성화상 반대자들을 파문하고 성화상 공경을 인정하는 결정이 내렸다. 그러자 샤를마뉴는 몇몇 문서를 통해 자신은 성화상 공경을 반대한다는 입장을 밝혔다. 이에 교황 하드리아노 1세는 공의회의 결정을 옹호하면서 샤를마뉴의 주장에 반발하였다. 그 결과 794년 프랑크푸르트에서 시노드가 소집되어 샤를마뉴의 주장에 대해 논의한 결과, 과도한 성화상 공경을 비판하는 동시에 그의 주장에 대한 수용도 거부하기로 결의하였다.

다고 해서 왕을 폐위시킬 수 있는 신적 권한을 갖고 있는지 의심했다. 그들은 그리스도교 신앙의 몇 가지 핵심적인 내용을 은밀히 거부하면서도, 그에 못지않게 부조리한 몇 가지는 인정하는 모호한 태도를 보였다.

그런데 이들이 자기 의견을 밖으로 표출하고자 했을 때 어떤 대접을 받았을까? 동방에서는 마니교도를 절멸시키기 위한 박해가 무려 10세기 동안 지속되었다. 독실한 신도이면서 야만스러웠던 황후 테오도라의 섭정 시기에 10만 명이 넘는 사람들이 처형당했다.[58] 동방에서 일어난 학살 소식들을 어렴풋이 전해들은 서방인들은, 교황과 교회의 교리를 반박하는 자들을 마니교도라 부르며 동방인들 못지않게 잔혹하게 그들을 박해했다. 예를 들어 로베르 드 프랑스[59]는 아내의 고해 신부와 사제 몇 사람을 눈앞에서 화형시켰다.

발도파[60]와 알비파가 출현했을 때에도, 그들을 마니교도라 부름으

---

58 테오도라(Theodora)는 842년부터 855년까지 비잔티움 제국의 황후였다. 842년 남편인 테오필로스가 죽은 후에 두 살짜리 아들 미하일이 황제가 되자 섭정을 시작했다. 섭정 기간에 그리스도교 분파인 파울리키아파는 이단으로 몰려 대대적으로 박해를 받았는데, 약 10만 명이 학살당했을 뿐 아니라 재산과 토지도 몰수당했다. 이들은 금욕적이고 독실한 그리스도인이었지만, 비잔티움 제국 역사상 전무후무한 대대적인 학살로 이슬람 칼리프에게 넘어가 결국에는 제국의 적이 되고 말았다.

59 로베르 드 프랑스(Robert de France, 1256~1317) 프랑스 루이 9세의 막내아들로서, 부르봉 왕가의 시조

60 발도파(Waldenses) 12세기 말 프랑스에서 발데스가 시작한 그리스도교의 순복음적인 신앙노선의 일파. 이단 판정을 받았으나 독자적인 세력을 형성하였으며, 16세기 종교개혁 때 신교로 흡수되었다. 이들은 연옥을 인정하지 않았고 연미사와 보속 등에 반대하는 등 정통 교리와 다른 교리를 내세웠으며, 단순한 성서주의, 엄격한 도덕, 교회의 부패를 비판하기도 하였다.

로써 멸시와 핍박을 받아 마땅한 존재들로 만들었다. 프랑스 남부 몇
몇 지방에서, 몇 마디 말로 하느님을 만들 수 있다는 자기들의 주장을
인정하지 않았다는 죄로, 그 가련한 자들에게 얼마나 끔찍한 잔혹 행
위가 저질러졌는지 모르는 사람은 없을 것이다.

그 후에도 우리 영국의 위클리프[61]나 얀 후스[62]의 추종자들, 그리고
루터와 츠빙글리[63]의 추종자들이 교황의 압제에서 벗어나고자 했을
때, 우리 모두가 알고 있는 바와 같이 유럽의 거의 모든 지역이 박해하
는 측과 박해받는 측으로 양분되었다. 개혁파들은 4~5세기의 그리스
도교인들이 했던 행동을 그대로 되풀이했다. 박해를 당했던 자들이 이
번에는 박해자가 된 것이다. 그리스도교 논쟁이 불러일으킨 내전의 횟
수를 세어보면 100차례가 넘는다. 우리 영국도 초토화되었다.

아일랜드 학살 사건[64]은 프랑스의 성 바르톨로메오 축일 학살 사건

---

61 위클리프(John Wycliffe, 1320~1384) 잉글랜드의 선구적 종교개혁자. 교황에 대한 공
세를 반대하고 특히 교회 소유 재산을 공격하였다. 성직자의 악덕을 비판하는 등 교
회개혁 운동에 앞장섰다. 1415년 콘스탄츠 공의회에서 이단으로 단죄되자 그의 유
해는 저서와 함께 불태워졌다.

62 얀 후스(Jan Hus, 1372~1415) 체코의 종교개혁자로서 성서를 유일한 권위로 강조하
고 고위 성직자들의 세속화를 강력히 비판하였다. 체코 민족운동의 지도자로서 보
헤미아의 독일화 정책에 저항했다. 1414년 콘스탄츠 공의회에 소환되어 화형에 처해
졌다.

63 츠빙글리(Ulrich Zwingli, 1484~1531) 스위스의 종교개혁가. 취리히 대성당의 설교자
로 일하며 체계적인 성경강해로 명성을 날렸다. 루터의 영향으로 취리히의 종교개혁
에 나섰다. 가톨릭을 고수하는 주들과의 전투에 종군목사로 참전했다가 카펠 전투
에서 전사했다.

64 1641년 예수회의 창시자 이그나티우스 축제일인 10월 23일 아일랜드의 예수회원들,
신부들 그리고 수사들은 아일랜드의 모든 프로테스탄트를 학살하기로 하였다. 이들

과 조금도 다르지 않았다. 아일랜드보다 프랑스에서 더 많은 잔혹 행위가 저질러졌는지, 더 많은 희생자를 냈는지 나로서는 알 수 없지만 말이다. 필자의 증조모와 자매 사이였던, 헨리 스포츠우드 경의 아내는 두 딸과 함께 살해당했다. 이 검토서에서 필자가 인류 모두를 위해, 그리고 나 자신을 위해 분노할 수밖에 없는 까닭이 여기에 있다.

지금까지 남아 있는 종교재판소에 대해서는 무슨 말을 해야 할까?[65] 우리는 고대 사회에서 인간의 피를 신에게 제물로 바치던 관행을 비난한다. 하지만 스페인이나 포르투갈에서 신앙 행위라는 미명 하에 희생된 인간 제물의 수에 비하면 아무것도 아니다.

이 시대에 자행된 숱한 파괴와 학살을 포타미외나 성녀, 바르바라 성녀, 피오니우스 성인, 유스타키우스 성인의 순교 이야기와 비교하려는 자가 아직도 있을까?[66] 우리는 수세기 동안 피에 굶주린 맹수들처럼 유혈 속을 허우적거렸다. 그런 우리가 감히 트라야누스 황제, 안토니누스 황제에게 박해자라는 낙인을 찍었으니!

필자는 기회가 있을 때마다 수많은 우리 조상들을 희생시킨 그 엄

은 프로테스탄트 남자들, 여자들 그리고 아이들을 발가벗긴 후, 돌, 자루도끼, 검 그리고 다른 도구들로 살해했는데, 그 수가 무려 15만 명에 달했다. 이 학살 이후 프로테스탄트들과 가톨릭교도들 사이에 영원한 전쟁이 계속되었다. 찰스 1세는 자신의 세력을 이용해서 가톨릭의 편을 들면서 학살을 조장했다. 1641년 이후 1649년까지 학살이 계속되었는데, 이 학살은 크롬웰이 아일랜드에 상륙하여 가톨릭 세력을 물리치고서야 비로소 멈추었다.

65 나라마다 다소 차이는 있었지만 대략 1820년경에는 거의 폐지되었다.
66 여기서 거론하는 성인과 성녀는 모두 고문과 박해 속에서 신앙을 지키다가 순교한 인물들이다.

광신의 무덤

청난 잔혹 행위를 사제들에게 상기시킨다. 그러면 사제들은 좋은 나무가 때로는 나쁜 열매를 맺기도 한다며 쌀쌀맞게 대꾸했다. 그럴 때마다 나는 그렇게 유독한 열매를 그렇게나 많이 맺는 나무를 하느님께서 손수 심었다고 주장하는 것이야말로 신성모독적인 발언이라고 말해주었다. 솔직히 고백하자면, 양식 있는 사람 앞에서 시선을 떨구고 얼굴을 붉히는 성직자를 지금까지 한 번도 본 적이 없다.

38장

로마 가톨릭교회의 폐해

전 세계의 다른 종교의 사제들에게서는 결코 찾아볼 수 없는 파렴치하고 야만적인 사례들을, 훈족, 고트족, 반달족 후손들의 난폭성에 동화된 로마 가톨릭교회에서는 흔히 볼 수 있었다. 사제들은 그들도 인간인 까닭에 세계 도처에서 횡포를 부렸다. 그 오래된 종교(힌두교)가 가장 정직한 종교임에 틀림없다고 해도, 예나 지금이나 브라만들 중에 사기꾼이나 사악한 자가 존재했고 지금도 그러하다. 로마 가톨릭교회는 부와 권력을 갖고 있었던 까닭에 범죄에서는 세상의 모든 종파들 중에서 단연 으뜸이었다.

방탕함에서도 로마 가톨릭교회는 타의 추종을 불허했다. 사람들을 효율적으로 통치하기 위해, 음란 행위나 남색을 억제하는 데 가장 좋은 수단인 결혼을 금지했기 때문이다.

여기서는 필자가 직접 목격했거나, 혹은 필자가 태어나기 얼마 전에 있었던 사례들만을 이야기하겠다. 때로는 네덜란드인들에게, 때로는 프랑스 루이 14세에게 금품을 받으면서 서로 적대 관계에 있던 양 진영 사이에서 교묘하게 처신했던 뮌스터 주교 베른하르트 폰 갈렌[67]만큼 공공의 신뢰, 인간의 목숨, 여성의 명예를 하찮게 취급했던 사악한 인간이 또 있을까? 그는 한평생 술과 인간의 피에 취해 살았으며, 마치 발정 난 맹수처럼 첩들의 침상과 학살 현장을 오가며 지냈다. 그렇지만 어리석은 백성들은 그자 앞에 무릎을 구부리고 공손히 축복을 받았다.

무슨 수를 썼는지 성당의 참사원 자리까지 차지한 그의 사생아들 중 한 사람을 나는 직접 보았다. 그는 아비보다 더 성질이 고약하고 훨씬 더 방탕했다. 그의 정부들 중 한 사람을 살해했다는 사실도 나는 알고 있다.

그 주교가 훌륭한 성품의 독일 여성과 결혼했더라면, 주교의 아들이 합법적인 결혼 상태에서 태어나 좋은 환경에서 자랄 수 있었다면, 둘 다 그보다는 덜 추악한 삶을 살지 않았을까 자문해본다. 또한 광기를 가라앉히는 데 훌륭한 성품을 지닌 아내나 어머니의 시선보다 더 효과적인 수단이 이 세상에 있는지, 가장으로서의 의무가 수백 가지 범죄의 싹을 사전에 없애는 역할을 하고 있지는 않는지도 자문해본다.

불과 40년 전까지만 해도 이탈리아에서 성직자들이 얼마나 많은 범죄 행위를 저질렀는지 모르는 사람은 아마 없을 것이다. 나는 조금

---

67 베른하르트 폰 갈렌(Bernard van Galen, 1606~1678) 뮌스터의 주교이자 통치자. 절대적인 권력을 휘둘러서 시민들을 복종하게 만들어 '포탄 주교'로 불렸다.

도 부풀리지 않고 사실 그대로를 말하고 있다. 얼마 전에도 코르시카에서 어느 사제가 미사를 집전하고 난 뒤에 덤불숲에서 원수인지 라이벌인지를 총으로 쏘아 죽였다. 상대방이 아직 숨이 붙어 있을 때, 사제는 고해를 듣고 죄를 사하는 예식을 행하였다고 한다. 교황 알렉산데르 6세는 남의 재산을 가로채려고 사람을 살해하기도 했는데, 이 경우에도 살해당한 자들은 죽는 순간에 그에게 죄를 사해달라고 요청했다.

바로 어제 필자는 역사책에서 우리의 헨리 5세와 동시대에 살았던 어느 리에주의 주교 이야기를 읽었다. "무자비한 요한"이라고 불리던 그 주교에게는 형리 노릇을 하는 사제가 있었다. 주교는 2천 명이 넘는 사람들을 교수형이나 차형에 처하고, 심지어 배를 갈라 죽이는 형을 집행하게 하는 등 실컷 부려먹고 나서는 그 사제까지 교수형에 처했다.

덴마크 왕 크리스티안 2세와 결탁하여 94명의 원로원 의원을 눈앞에서 학살하게 하고, 손에 교황 칙서를 든 채 스톡홀름 시를 약탈자들에게 내어준, 트롤이라는 이름의 웁살라 대주교에 대해서는 무슨 말을 할 것인가?

사제들이 이와 유사한 장면을 연출하지 않은 그리스도교 국가는 찾아볼 수조차 없다.

내가 성직자들의 범죄 행위만을 이야기했을 뿐, 일반인들이 저지른 것은 모른 체하고 넘어간다고 지적하는 이가 있을지도 모르겠다. 내가 사제들의 범죄 행위만을 언급한 까닭은, 사제들, 특히 교황파 사제들이 저지른 악행이 그들이 신도들에게 설교하는 내용과 너무

나도 대조되기 때문이다. 또한 그들이 저지른 숱한 중죄에, 그에 못 지않게 중대한 범죄인 위선이라는 범죄를 더하고 있기 때문이다. 생활 태도가 누구보다도 정결해야 하는 자들이 저지른 범죄라서 죄가 더욱 중대해졌기 때문이다. 그들은 우리 인간을 모욕하는 행동을 서슴지 않는다. 우매한 자들을 부추겨 수도원이라는 무덤 속으로 자발적으로 걸어 들어가게 만드는 것이다. 그러고는 수도복 착의식에서 설교를 하고 서품식을 집전한다. 행사를 마치고 나면, 곧바로 육욕이나 살육에 몸을 내맡긴다. 아타나시우스와 아리우스의 광기어린 논쟁이 벌어지던 당시부터 오늘날까지 교회는 늘 그런 식으로 운영되어왔다.

필자가 성심성의껏 설명하고자 애쓰는 것처럼 내게 반박하고자 하는 분들도 부디 그렇게 해주시기를! 그들이 설교하는 교리들, 타당성이라고는 전혀 없는 그 교리를 진심으로 믿었던 자가 사제들 중 단 한 사람이라도 있었을까? 하느님의 성육화, 하느님의 죽음, 하느님의 부활, 삼위일체의 하느님, 가루로 만든 빵이 하느님이 된다는 성변화 교리, 그리스도교인들을 야만인보다도 저급한 존재로 만들어버린 그 지긋지긋한 교리들을 믿었던 교황이 단 한 사람이라도 있었을까? 물론 그들은 전혀 믿지 않았다. 그리스도교의 불합리하고 부조리함을 일찌감치 알아차렸던 그들은 하느님은 존재하지 않는다고 생각했다. 그들이 추악한 범죄 행위로 스스로의 명예를 더럽혔던 근본적인 원인이 여기 있다. 그런데 한 가지 명심해야 할 게 있다. 그리스도교 교리들의 불합리하고 부조리함이 무신론자들을 양산한다는 것을!

결론

양식 있는 사람이라면 누구나, 덕성을 갖춘 사람이라면 누구나 그리스도교에 반감을 가지는 것이야말로 당연한 일이라고 필자는 결론삼아 말하고 싶다.

오늘날 대수롭지 않게 여기는 '유신론자', 곧 '신을 믿는 자theist'라는 고귀한 이름은 우리 모두가 가져야 할 유일한 이름이다. 우리가 읽어야 할 유일한 복음서는, 하느님께서 손수 쓰시고 그분의 인장으로 봉인된 자연이라는 위대한 책이다. 우리가 믿는다고 고백해야 할 유일한 종교는 하느님을 섬기고 올바른 인간이 되어야 한다고 가르치는 종교다. 그리스도교 광신이 악을 생성시키지 못하는 게 불가능하듯이, 그 순수하고 영원한 종교가 악을 생성시키는 것 또한 불가능하다.

자연 종교에서는 "내가 세상에 평화를 주러 왔다고 생각하지 마라. 평화가 아니라 칼을 주러 왔다"(마태오 10:34)는 발언이 나올 수 없다. 그리스도라 불리던 어느 유대인이 발설했다는 첫 신앙 고백이.

우리 인간은 참으로 맹목적이고 한심한 존재들이다. 그리스도교인들 스스로가 고백하기를 셋, 에녹, 노아 시대[68]에 인류의 종교였다는

---

68 셋과 에녹, 노아는 구약 창세기에 등장하는 인물들이다.

단순하고 보편적인 종교보다, 형리들이 떠받치고 화형대들로 둘러싸인 부조리하고 잔혹한 종교, 그 종교를 이용하여 부와 권력을 획득하는 자들만이 인정하는 종교, 세계의 일부분에서만 인정받는 특수한 종교를 선호하니 말이다.

그들이 말하는 초기 족장 시대의 종교가 참이라면, 당연히 예수의 종교는 거짓이다. 군주들은 스스로를 백성들에게 소중한 존재라 믿으면서, 백성들이 짊어진 멍에를 자신이 떠맡는다고 생각하며 그 종교에 순응했다. 하지만 이들은 스스로가 사제들의 첫 노예가 되었다는 사실을 깨닫지 못했으며, 유럽의 절반에 해당하는 지역에서는 아직도 독립적인 지위를 획득하지 못하고 있다. 사제들의 노예가 되기보다 자기 집 혹은 자기 나라에서 주인이 되고 싶지 않은 가장이, 고위 관리가, 군주가 있을까?

아! 얼마나 많은 시민들이 박해받고 파문당하고 거렁뱅이 신세가 되고 살해당하여 시신이 쓰레기장에 내던져졌던가? 그리고 얼마나 많은 군주들이 퇴위당하고 살해당했는가? 그런 사실을 알면서도 우리는 아직도 눈을 뜨지 못했다. 아니 눈을 반쯤은 떴으나, 그 불길한 우상을 아직도 무너뜨리지 못했다!

"우상을 파괴한 다음, 그 자리에는 무엇을 갖다놓아야 할까?" 그대들은 방금 내게 뭐라고 물었는가? 내 가족과 친구들을 괴롭히는 난폭한 짐승이 있다고 가정해보자. 나는 그대들에게 그 짐승을 쫓아버리라고 충고했다오. 그런 내게 짐승이 있던 자리에 무엇을 갖다놓아야 할지를 묻다니! 어떻게 그럴 수 있는가? 예식을 행하고 신에게 제물을 바치는 것으로 만족할 뿐, 교리로써 사람들의 정신을 옭아매려 하지 않았고, 정치인이나 고위 관리들과 권력 다툼을 벌이지 않았으며, 인간 사회에 분란의 씨앗을 뿌리지도 않은 이교의 제관들에 비해, 그대들은 백 배나 더 추악한 자들이다. 그대들의 황당무계한 설화들을 무엇으로 대치해야 하는지를 내게 물을 수 있을 정도로 뻔뻔스럽고 후안무치한 자들이다! 정 그렇다면, 나는 그대들의 질문에 이렇게 답하겠다.

신, 진리, 덕성, 법률, 징벌과 보상 같은 것들로 대치할 수 있다는 것을! 교리가 아닌 정직함을 설교하시오! 한 인간의 사제가 아닌 신의 사제가 되시오.

신 앞에서 그리스도교를 진리의 저울에 달아보고 나서, 정치의 저울에 한 번 더 달아보아야 한다. 인간 사회에서는 진리가 늘 이롭지만은 않기 때문이다. 우리 영국을 예로 들자면, 의회 법령에 의해 정립된 교계 제도를 존속시키되, 그 제도를 민법에 종속시킴으로써 권력 남용을 막는 게 필요하다고 필자는 생각한다.

우상은 반드시 타파하고 신에게는 가장 순수한 공경을 드려야 하는 게 바람직하지만, 우리 백성들의 수준은 아직 그에 미치지 못한다. 지금으로서는 우리 교회가 적정 한도를 벗어나지 않도록 하는 것으로 충분하다. 일반 신도들이 각성할수록, 사제들의 횡포는 줄어들 수밖에 없다. 일반 신도들을 각성시켜서 그들이 제 잘못을 부끄러워할 줄 아는 존재가 될 수 있을 때까지, 그들이 당당한 시민이 될 때까지 우리 모두 노력하는 수밖에 없다.

편지

편지

볼링브룩 경이 콘즈버리 경에게

그로티우스와 파스칼에게 몇 가지 결점이 있었다고 해도 새삼 놀랄 필요는 없을 것 같습니다. 허영심, 우월한 존재가 되고 싶은 욕망, 그 중에서도 특히 남들의 정신을 지배하고 싶어 하는 열망, 이런 것들은 수많은 천재를 타락시키고 숱한 석학들에게는 판단력을 흐리게 했습니다.

선생님께서도 우리나라에서 탁월한 법률 전문가가 매우 불리한 소송에 가담하는 경우를 드물지 않게 목격하셨을 것입니다. 우리 영국의 뛰어난 수학자이자 신학자인 휘스턴[1]은 그가 주장한 이론으로 결

---

[1] 휘스턴(William Whiston, 1667~1752) 영국의 수학자, 역사가, 수학자. 휘스턴은 『새로운 지구이론(A New Theory of the Earth)』이라는 책에서, 노아의 홍수는 지구와 혜성의 충돌로 인해 지구 내부의 물이 쏟아져 나온 것에서 비롯되었다고 주장했다.

국 웃음거리가 되고 말았습니다. 데카르트는 자타가 공인하는 당대 최고의 수학자였지만, 물리학이나 형이상학에 관해 논한 그의 글을 읽어보면 우매함의 정도가 도를 넘습니다. 그가 쓴 『세계Le Monde』보다 더 황당무계한 소설책을 본 적이 있습니까?

클라크[2] 박사는 앞으로도 매우 깊이 있는 철학자로 인정받을 테지요. 하지만 종교에 관해 쓴 책 가운데 일부분은 모든 사상가로부터 조롱과 야유를 받았습니다.

몇 달 전에 저는 뉴턴의 『요한묵시록 해설』 자필 원고를 읽었습니다. 그의 친척 조카에게서 빌릴 수 있었지요. 솔직히 고백하자면, 책의 저자가 여러 가지 능력 면에서 역사상 가장 위대한 인물이라는 사실을 알지 못했다면, 틀림없이 저는 그 책을 베들럼 정신병원에서 제작된 것으로 판단했을 것입니다. 히포의 주교 아우구스티누스에 대해서도 제 생각은 같습니다. 그의 몇 가지 모순점과 몇 가지 비유에 대해서는 베들럼 수준을 넘지 못한다고 저는 판단합니다. 그런 까닭에 저는 아우구스티누스를 위대한 인물로 생각한다고 말씀드리기 어려울 듯합니다.

아우구스티누스의 일곱 번째 시편 강론[3] 중에서 다음 구절을 읽을 때면 놀라움을 금할 수가 없습니다.

---

2 클라크(Samuel Clarke, 1675~1729) 영국의 철학자이자 성공회의 성직자. 신의 존재를 과학적으로 증명하기 위해 노력하였으며, 당연히 그 과정에서 많은 논쟁을 벌였다.
3 이는 『시편주해(Enarrations on the Psalms)』라는 제목으로 출간되어 있다.

4라는 수는 인간의 육신과 관계가 있다. 이는 인간의 육신을 구성하는 네 가지 원소, 네 가지 성질, 곧 냉온건습 때문이다. 4라는 수는 노인과 구약성서와 관계가 있고, 3이라는 수는 새로운 인간과 신약성서와 관계가 있다. 그러므로 이 세상의 모든 것은 4와 3에 의해 생성되는데, 4와 3을 더하면 7이라는 수가 나온다. 그래서 7일이 지나 8일째 되는 날은 심판의 날이다.

하느님께서 인간과 물고기와 새들에게 "새끼를 많이 낳아 번성하라"라고 말씀하시고 다른 동물들에게는 그 말씀을 하시지 않은 까닭을 아우구스티누스는 『고백록』 끝부분에서 매우 기발하게 설명하고 있습니다. 한 번 읽어보시기를 권해드립니다.

파스칼은 제법 훌륭한 웅변가이기도 하지만, 그는 무엇보다도 탁월한 재담꾼이었습니다. 그는 나중에 뛰어난 수학자가 되었는데, 이런 그가 코믹하고 익살스러운 요소들로 넘쳐나는 『프로뱅시알Les Provinciale』[4]이라는 서간문을 썼다는 사실은 무척이나 놀랍습니다. 어쨌든 건강이 악화되는 바람에 연구를 계속 이어나가지 못했다는 것은

---

4 이 책은 프로뱅시알, 즉 '시골 친구에게 보내는 편지' 형식으로, 당대에 위세를 떨치던 예수회를 비판하는 한편 가톨릭과 교황청으로부터 공격을 받던 얀센주의(Jansenism)를 옹호하기 위해 쓴 것이다. 얀센주의는 네덜란드의 가톨릭 신학자 코르넬리스 얀세니우스가 주창한 가르침에서 비롯되었으며, 그후 그의 가르침을 계승한 프랑스 포르루아얄 수도원을 중심으로 전개된 종교운동을 말한다. 17~18세기의 프랑스 교회 내에서 격렬한 논쟁을 일으켜 교황청으로부터 수차례 이단 판정을 받았다. 이들은 초대 그리스도교회의 엄격한 윤리로 되돌아갈 것을 촉구하였으며, 하느님의 은혜를 강조하고 인간의 자유의지를 부정하는 학설을 주장하였다.

매우 안타깝게 생각합니다. 파스칼은 교회 초기 몇 세기 동안의 역사에 대해 아는 게 전혀 없었습니다. 그 밖의 다른 역사에 대해서도 마찬가지였습니다. 그가 구약성서 전체를 읽어본 적이 없다고 제가 파리에 체류하던 당시, 몇몇 얀센파 지인들이 이야기하더군요. 구약성서에 주석을 달 정도의 편집증 증상이 있는 사람들을 제외하고, 구약성서를 완독한 사람이 과연 몇 명이나 될까요?

단언하건대 파스칼은 그의 서간문에서 조롱한 예수회 서적들 중 단한 권도 읽지 않았습니다. 포르루아얄[5] 사람들이 그에게 넘겨준 몇몇 대목을 가지고 희화화했을 뿐이지요.

그의 저서 『팡세』도 철학자가 아닌 열광적인 광신도의 글처럼 보입니다. 그가 구상했던 책이 그런 연구 자료들로 이루어졌다면, 그 책은 틀림없이 움직이는 모래 위에 지은 기괴한 건축물 정도밖에 되지 않았을 테지요. 그런데 당시 그는 그런 건축물조차 지을 수 있는 처지가아니었습니다. 그의 빈약한 지식 때문이기도 하지만, 짧았던 생애의 마지막 몇 년 동안에는 정신이 온전치 못했기 때문입니다.

오늘날 가장 많이 인용하는 두 명의 그리스도교 옹호자인 파스칼과 아바디, 두 사람 모두 정신 이상으로 고생하다가 생을 마쳤다는 사실은 정말 신기할 뿐입니다. 선생님께서도 아시다시피 파스칼은 한평생 자기가 앉은 의자 옆에 끝을 알 수 없을 만큼 깊은 구렁텅이가 패

---

5 13세기 초에 창설되어 17세기에 번성한 프랑스의 시토회 여자 수도원. 얀센주의의
   중심지로서 프랑스 국민 교육에 선구적 구실을 하였으나 부르봉 왕조의 압박으로 18
   세기 초에 폐쇄되었다.

여 있다는 착각에 시달렸습니다. 아바디는 자신이 살던 동네 거렁뱅이들을 거느리고 더블린 거리를 떠돌았습니다. 이는 우리의 가련한 사제장 스위프트가 정신이상자를 위한 재단을 만들게 된 여러 가지 동기들 중 하나였지요.

그로티우스는 파스칼의 천재성에는 못 미치지만 제법 능력 있는 학자였습니다. 저는 학자라는 말을 많은 지식을 축적하고 몇 가지 외국어를 구사하는 현학자를 일컬을 때 사용합니다. 그가 쓴 『그리스도교의 진리에 관하여De veritate religionis Christianae』(1627)는 피상적이고 무미건조하고 밋밋할 뿐만 아니라, 문체나 추론 면에서도 매우 빈약한 책입니다. 문제점을 제기할 뿐, 입증하는 경우는 전혀 없으니까요. 추론의 빈약함은 도를 넘어 결국에는 아주 우스꽝스러운 글이 되고 말았습니다.

이 책 제1권 22장에서 최후의 심판에 대해 그가 제시한 증거들보다 더 황당무계한 것을 선생님께서는 알고 계신가요? 그는 우주적인 대혼란이 히스타스페 및 시빌라의 예언에서 예고되었다고 주장합니다. 게다가 오비디우스와 루카누스[6]라는 두 위대한 철학자의 이름을 들먹이며 자기주장을 뒷받침하려고 애를 씁니다. 그는 더 나아가, 천문학

---

6 루카누스(Marcus Annaeus Lucanus, 39~65) 로마의 정치가이자 서정시인, 철학자이다. 세네카의 조카이기도 하다. 스페인의 코르도바에서 태어나 8세경 로마로 옮겨 교육을 받았다. 어릴 때부터 재능을 나타내어 아테네에 유학한 후 네로 황제에게 발탁되어 요직을 역임했다. 그러나 예술가를 자처하던 네로 황제의 질투를 사서 대중 앞에서의 시낭독을 금지당했고, 이에 대한 노여움으로 피소의 반란(65)에 가담하였으나 발각되어 자결로 생을 마감했다.

자들을 점성가라 부르면서 이들의 견해를 인용하는 등 황당무계함의 끝을 달리고 있습니다. 그가 말하길, 태양이 아주 천천히 지구를 향해 다가오고 있는데, 이런 사실은 세상이 종말로 나아가고 있음을 뜻한다고 천문학자들이 지적했다는 것입니다. 그렇다면 천문학자들의 주장은 틀렸고, 그로티우스는 잘못 인용했다고 우리가 지적해줄 수밖에 없겠지요.

그의 책 제1권 14장에서는 유대교가 오래되고 진실 된 종교라는 것을 입증하는 중요한 증거들 중 하나는 할례라고 주장합니다. 할례가 고통스러운 수술인데다가 다른 민족들에게 조롱을 받는 수모를 견뎌내야 하기에, 하느님께서 할례를 받으라고 분명하고 단호하게 명령하셨다는 것을 알지 못했다면, 유대교 신앙의 상징으로 삼지 않았으리라는 것입니다.

그러나 이스마엘 후손들과 그 외 아랍인, 이집트인, 에티오피아인이 유대 민족보다 아주 오래 전부터 할례를 행했다는 것은 명백한 사실입니다. 게다가 유대인이 자기들의 관습을 모방했기 때문에 그 민족들은 유대인의 할례 관행을 조롱할 리 없었겠지요!

그로티우스는 영혼의 실재와 영혼의 불멸성을 믿는 민족들을 길게 나열하는 것으로 유대교의 진실성을 입증할 수 있다고 여겼습니다. 하지만 이것은 유대인의 저급함과 우매함을 명명백백하게 드러내는 역효과를 내고 말았습니다. 유대 민족의 모세오경에는 영혼의 불멸성에 대한 언급이 전혀 없을 뿐더러, 영혼을 가리키는 히브리어는 '동물성 생명'을 뜻하기 때문입니다.

똑같은 논리로, 그의 책 제1권 16장에서 요나 이야기[7]가 사실임을 입증하기 위해 그로티우스는 그리스의 삼류 시인 리코프론[8]을 인용합니다. 리코프론에 따르면, 헤라클레스는 고래 뱃속에서 사흘 동안 머물렀습니다. 요나보다 수완이 좋았던 헤라클레스는 고래 뱃속에서 고래의 간을 석쇠에 구워 포식했다고 합니다. 석쇠와 숯을 어디서 구했는지에 대한 설명은 전혀 없습니다. 이 모두가 이적에 속하는 사건들이라니 저로서는 더 이상 할 말이 없습니다. 어쨌거나 요나와 헤라클레스라는 두 예언자가 겪은 모험보다 더 경이로운 일은 찾아보기 어렵다는 사실만은 인정해야 할 것 같습니다.

그런 바타비아 출신 학자가, 발에 물을 적시지 않고 홍해를 건넜다는 모세 이야기를 입증하는 데 헤라클레스가 찻잔을 타고 칼페-아빌라 해협을 건넜던 사례를 인용하지 않았다는 게 놀랍습니다. 찻잔을 타고 바다를 항해했다는 이야기는 단 한 척의 배도 없이 바다를 건넜다는 설화 못지않게 멋진 이야기인데 말입니다!

간단히 말씀드리면, 저는 그로티우스가 쓴 『그리스도교의 진리에 관하여』보다 더 멸시당해 마땅한 책을 본 적이 없는 것 같습니다. 이 책은 그가 프랑스의 루이 13세 부부 앞에서 떠들었다는 장광설을 연상케 합니다. 당시 임신 중이었던 왕비에게 노년에 아이를 가진 유대인 안나와 닮았다고 말하면서, 바닷물 속에서 돌고래들의 움직임이 요

---

[7] 구약 요나서 1~4장에 나오는 이야기다. 신의 명령을 거부하였던 요나가 큰 물고기 뱃속에 사흘 간 갇혀 있다가 회개하여 다시 살아났다는 이야기다.

[8] 리코프론(Lykophron, 연대 미상) 기원전 3세기에 활동했던 고대 그리스의 시인

란해지는 것은 폭풍우가 곧 그치리라는 신호인 것처럼 왕비의 뱃속에 있는 어린 황태자가 요란하게 몸을 움직이는 것은 왕국의 혼란이 곧 사라지리라는 것을 예고한다고 말했습니다.[9]

황태자가 태어난 뒤에는 루이 13세에게 이렇게 말했습니다.

황태자의 별자리인 돌고래자리는 점성가들이 말하는 가장 운이 좋은 별자리입니다. 황태자는 독수리자리, 페가수스자리, 화살자리, 물병자리, 백조자리로 둘러싸여 있습니다. 독수리자리는 황태자가 업무 능력이 탁월하리라는 것을 나타내고, 페가수스자리는 훌륭한 기병대를 갖게 되리라는 것을 예고하는 징표입니다. 화살자리는 황태자의 보병대를 뜻합니다. 백조자리는 그가 뛰어난 문인과 역사가, 웅변가들에게 둘러싸여 지내리라는 것을 나타내는 징표입니다. 그리고 돌고래자리를 구성하는 아홉 개의 별은 앞으로 황태자가 후원하게 될 아홉 뮤즈를 가리킵니다.

그로티우스는 구약성서의 인물 요셉을 소재로 희곡 「소폼파네아스 Sophompaneas」를 썼는데, 여기에도 장엄함이나 원대함에 대한 그의 취향이 잘 드러나 있습니다. 이게 바로 우리 시대의 그리스도교 사도, 그리고 예언자들의 본모습입니다.

저로서는 그로티우스를 추론가로서도 정치가로서도 대단한 인물로 평가할 수는 없을 듯합니다. 선생님께서도 알고 계시겠지만, 그는 그리스도교의 모든 분파를 통합시키고자 하는 망상을 갖고 있었습니다.

---

9   돌고래를 뜻하는 프랑스어 도팽(dauphin)은 황태자를 가리키는 말이기도 하다.

실제로 그가 소치니[10] 신봉자였는지(이런 사실 때문에 많은 사람들이 그를 비난했습니다) 저는 별 관심이 없습니다. 그로티우스가 예수를 영원성 속에서 나신 자로 여겼는지 아니면 영원성 속에서 창조되신 자로 여겼는지, 아니면 시간성 속에서 나신 자로 여겼는지, 아니면 시간성 속에서 창조되신 자로 여겼는지, 성부와 동질이라고 생각했는지, 아니면 동질이 아니라고 생각했는지에 대해서도 관심이 없습니다. 이것들은 「통 이야기」의 작가나 작중 인물인 피터 경이나 다룰 법한 주제들이지 선생님과 같은 기질을 지닌 분들에게는 결코 진지한 고려 대상이 될 만한 주제들이 아닙니다. 선생님께서는 그보다 유익한 것들을 위해, 조국을 위해 봉사하기 위해, 그 사변적인 망상들을 경멸하기 위해 이 세상에 태어나신 분이 아닙니까?

---

10 소치니(Fausto Sozzini, 1539~1604) 이탈리아의 자유사상가. 처음에는 법률을 공부했으나 후에 신학 연구에 전념하였다. 삼위일체론에 반대했으며, 그리스도의 속죄와 원죄설 등의 교의를 부정함으로써 박해를 받았다. 교회와 국가의 결합을 부정, 신의 제정에 의하지 않고 국가가 일으키는 전쟁은 올바르지 않다고 주장하였는데, 이런 그의 영향 하에 유니테리언 운동이 일어났다.

편지

콘즈버리 경이 볼링브룩 경에게

그리스도교가 성립되고 발전하는 과정을 선생님만큼 잘 풀어서 설명할 수 있는 사람이 또 있을까요? 탄생 초기에 그리스도교는 우리의 퀘이커교와 비슷했습니다. 하지만 그 후로 플라톤 철학이 도래하여 갈릴리인들의 광신에다가 플라톤 철학의 공상적이면서 동시에 위압적인 관념론을 뒤섞어놓았습니다. 그다음으로는 로마 교황이 이슬람의 칼리프들을 흉내 내기 시작했습니다. 저는 혁명[11] 이후의 영국이 그나마 그리스도교로 인한 폐해가 가장 덜 했던 나라가 아닌가 생각합니다. 왜 그런가 하니 우리나라에서는 그리스도교라는 세찬 강물이 열 개 혹은 열두 개의 지류, 다시 말해 장로파를 비롯한 여러 비국교파로 갈라졌기 때문입니다. 강물이 우리를 휩쓸어갈 새가 없었던 것이지요.

---

11 1688년의 명예혁명

우리 영국에서 주교들이 남작들처럼 행세하며 의회에서 의석을 차지하고 있는 것이야말로 그리스도교로 인한 해악입니다. 그분들이 있을 자리가 아닌데도 말입니다. 이는 본래의 규정과는 완전히 어긋나는 조처라고 생각합니다. 그러나 아직도 통치권을 움켜쥔 독일의 주교와 수도원장[12], 트라야누스나 안토니누스 황제의 권좌에 죽치고 앉아 있는 로마의 늙은 허수아비를 볼 때마다, 우리 주교들에게 남작의 지위를 내어준 우리 미개한 조상들을 용서하게 된답니다.

우리 영국 국교회가 로마 가톨릭에 비해 미신적 요소나 부조리한 요소가 덜하다는 것은 틀림없는 사실입니다. 우리의 허풍쟁이 사기꾼들이 대여섯 가지 독약으로 우리를 중독시킨다면, 교황파 도박꾼들은 독약을 무려 스무 가지나 쓰니까요.

돌아가신 표트르 1세가 그 방대한 영토를 가진 나라에서 총대주교직을 폐지한 것은 아주 현명한 행동이었습니다. 그는 나라의 주인이었습니다. 하지만 가톨릭 국가의 군주들은 주인으로서 과감하게 교황이라는 우상을 파괴하지 못했습니다. 만일 어느 황제가 로마를 장악하여 본래의 자기 재산을 되찾아갔다면, 남부 유럽 각국의 군주들이 가만히 있었을까요? 그들은 그리스도교인의 하느님처럼 질투가 심한 분들이니까요.

이렇게 하여 그리스도교는 살아남았고, 이에 균형을 맞추기 위함인지 이슬람교도 살아남았습니다. 하지만 이슬람교의 교리들은 훨씬 더 합리적입니다. 성육화나 삼위일체 교리는 그 부조리함에 사지가 떨릴

---

12 주교령이나 대수도원령을 소유하고 통치하던 성직자들을 가리킨다.

지경입니다.

　로마 가톨릭의 영성체 예식들 중에서 여자가 남자 사제 앞에서 행하는 고백성사는 사실 외설적이고 매우 위험하지만, 성적인 자유가 꽤 허용되는 우리 서방 사회에서는 이에 대한 자각이 거의 없는 것 같습니다. 동방에서라면 결코 용납될 수 없는 관행입니다. 여성들이 철저한 보호와 감시를 받는 나라에서 젊은 여자 혼자서 외간남자와 비좁은 공간에 앉아 있다는 게 용납될 수 있겠습니까?

　그 치욕스러운 관습이 이탈리아나 스페인에서 날마다 얼마나 많은 타락함과 방종을 양산하고 있는지 선생님께서도 모르지 않을 것입니다. 프랑스에서도 마찬가지입니다. 베르사유의 어느 주임신부 사례는 아주 최근에 일어난 일입니다. 그 사악한 자는 남성 고해자들의 돈을 훔치고, 여성 고해자들을 타락시켰습니다. 그런데도 그자를 추방했을 뿐, 다른 처벌은 없었습니다. 심지어 오를레앙 공작은 그에게 연금을 지급했습니다. 교수형을 받아 마땅한 자를 말입니다.

　로마 가톨릭교회의 성사들만큼 우스꽝스러운 것도 없습니다. 런던에서와 마찬가지로 파리에서도 사람들은 그것을 비웃고 있습니다. 하지만 뒤에서는 조롱하면서도 앞에서는 이에 굴복합니다. 이집트인들도 제단 위의 원숭이와 고양이들을 보면서 킬킬대고 웃었겠지만, 그 앞에서는 무릎을 구부리지 않았습니까? 우리 인간들은 늘 그런 식으로 지배를 당해왔습니다. 키케로는 점복관들을 규탄하는 글을 썼지만, 점복관들은 아무 탈 없이 살아남았습니다. 게다가 그들은 호라티우스 시대의 가장 질 좋은 포도주를 마셨습니다.

　성직자들은 앞으로도 언제나 가장 좋은 포도주를 마실 것이며, 우리의 정신 한가운데에 침거할 것입니다. 그들은 공적으로는 자기들에게 엄청난 부와 명예를 가져다줄, 사적으로는 숱한 쾌락을 가져다줄 종교를 지속시켜려 애쓸 것입니다. 선생님 같은 분들은 극소수를 일깨울 뿐, 절대 다수 대중들은 그들 편에 설 것입니다.

하드리아누스 황제 시대에 알렉산드리아에서 연출되었던 광경이 오늘날 로마, 런던, 파리 같은 모든 대도시에서 똑같이 펼쳐지고 있습니다. 하드리아누스 황제가 알렉산드리아에 체류했던 당시, 세르비아누스에게 써 보낸 편지를 선생님께서도 알고 계시겠죠? 그중 한 구절을 인용해보겠습니다.

모두가 단 한 분인 신을 섬긴다. 그리스도교인, 유대인, 그 외 다른 사람들도 똑같은 열정으로 그 신을 섬기고 있는데, 그것은 다름 아닌 돈이다.

이게 바로 로마 교황도, 우리의 캔터베리 주교도 섬기는 신입니다.

이 책에 대한 간략한 해설

광신과 불관용에 맞선 지적 투쟁

1

이 책의 원제목은 『볼링브룩 경의 중요한 검토 혹은 광신의 무덤Examen Important de Milord Bolingbroke ou le Tombeau du Fanatisme』(1736)이다. 책의 실제 저자는 볼테르지만 형식적으로는 볼링브룩 경으로 되어 있다. 볼테르는 왜 볼링브룩 경을 저자로 내세웠을까. 그 이유를 두 가지로 추정해볼 수 있다.

첫 번째는 당국의 검열을 피하기 위해서였을 것이다. 18세기 프랑스에서는 정치나 종교를 비롯한 기존의 질서에 비판적인 태도를 가진 철학자나 문인들은 당국의 검열과 감시를 피하기 위해 고인이나 지인의 이름을 빌어 책을 출간하는 일이 적지 않았다. 계몽의 물결이 넘실대고 출판물 검열법이 이미 폐지되었음(1695)에도 불구하고 권력 비판에는 여전히 비상한 용기가 필요한 시대였다. 실제로 1734년, 볼테르가

『철학서간Lettres philosophiques』을 출간하자 당국은 영국을 찬미하고 프랑스를 비방하는 불온한 내용을 담고 있다는 이유로 체포영장을 발부하였으며, 의회는 책을 모두 불태우라고 명령했다.

두 번째는 이 책의 내용이 실제로 볼링브룩 경의 '중요한 검토'에서 비롯되었으며, 그에 대한 볼테르의 존경이 책의 제목에 반영된 것으로 추정할 수 있다.

볼테르는 이성의 유효성을 믿었다는 점에서 당시의 다른 사상가들과 뜻을 같이한 필로조프Philosophe(계몽주의 철학자)였다. 그는 급진적인 이신론理神論을 공언함으로써 가톨릭교회의 공격을 받게 되자, 프랑스와 달리 사상과 종교의 자유를 용인하는 영국의 정치제도와 종교적 환경에 관심을 갖게 되었다. 그래서 당시 프랑스에서 망명생활을 하던 영국의 정치가 볼링브룩 경을 찾아가 가르침을 받게 되었는데, 볼테르는 그를 로마의 정치가 키케로에 비유하며 깊이 존경했다고 한다. 아울러 그의 학식과 예의에 감탄하였으며, 그의 권유에 따라 존 로크의 저작을 읽기 위해 영어도 배웠다고 한다. 그렇다면 그는 어떤 인물이었을까.

볼링브룩은 앤 여왕 시대에 토리당 정부에서 국무장관(1710~1714)을 지낸 유력 정치가였다. 그렇지만 1714년 조지 1세의 즉위 후 휘그당 정부가 들어서자 신변의 위협을 느끼고 프랑스로 망명하였다. 파리에 정착한 그는 볼테르와 몽테스키외를 비롯한 프랑스의 지식인들과 교류하는 한편 영국의 정치 현장으로 복귀하기 위해 끊임없이 노력했다. 하지만 수차례에 걸친 그의 복귀 시도는 끝내 성공하지 못한 채 정치가로서의 경력은 마감되고 말았다. 그는 자신의 '불신앙'을 좀처럼 드러내지 않았지만, 그의 회의주의는 볼테르에게 고스란히 전해졌다. 이 둘의 관계에 대해 토크빌은 "프랑스의 반종교 철학은 프랑스의 철학자들이 세상에 태어나기 훨씬 전에 이미 영국에서 설파되고 있었다. 볼테르는 볼링브룩의 뒤를 이었을 뿐"이라고 하였다.

이 책은 볼링브룩이 프랑스 퐁텐블로에 체류하던 당시를 가정한 것으로, 실제로 책이 출간된 것은 1767년이며, 이후 수차례 수정과 보완이 이루어졌다.

2

그리스도교 세계에서 볼테르만큼 미움을 산 작가도 많지 않을 것이다. 그는 일종의 적敵그리스도로 간주되었다. 그에게 당대의 종교 권력, 즉 가톨릭교회는 전제정치와 더불어 반드시 극복해야 할 구체제의 상징이었다. 따라서 수천 년에 걸쳐 쌓아올린 강고한 종교의 성채를 허물어뜨리는 것이 볼테르에게 주어진 현실적인 과제였다. 그래서 그에게는 그리스도교 전반에 대한 검토가 무엇보다 필요한 일이었다.

이 책은 그리스도교가 불편해하거나 회피하고 싶은 주제들을 모두 38개 장으로 펼쳐놓고 하나씩 '검토'해나간다. 그런 면에서 이 책은 그의 많은 저작 중에서도 그리스도교 세계가 가장 불편하게 여기는 책이 될지도 모르겠다. 볼테르는 머리말에서 "검토는 우리의 의무이며, 아무런 검토 없이 종교를 받아들이는 자는 쟁기를 매단 소와 다를 바가 없다"고 말한다. 성경의 성립 과정에서부터 유대교, 예언자, 초대 교회, 예수와 그 제자들, 그리스도교의 성립과 교회의 탄생, 교황, 교리,

기적, 탄압, 박해, 순교 등 그리스도교 역사 안에서 다룰 수 있는 거의 모든 주제를 검토해나간다.

그런데 그의 검토 과정은 결코 허술하지 않다. 일방적인 주장과 비판이 아니라 백과사전파답게 방대한 전적과 사료 비판이라는 실증의 토대 위에서 상식과 이성에 따라 독자들을 설득한다. 유대민족의 신화와 역사가 상당 부분 허구에 기초해 있다는 사실을 입증함으로서 성경 기록의 신뢰성을 뿌리째 뒤흔들고, 신앙의 역사에서 목숨보다 소중하게 여기는 순교와 탄압, 기적 등의 전승과 기록이 실제 사실과 달리 조작되거나 과장·왜곡된 경우가 많다는 것을 폭로한다.

그는 결론적으로 그리스도교의 역사는, 그 바탕인 성경부터 조작과 오류투성이의 기록일뿐더러 후대의 귀감이 되는 신앙의 전범들도 역사적 사실과 크게 다른, '허구로 쌓아올린 신앙체계'일 뿐이라고 비판한다. 그래서 "양식 있는 사람이라면 누구나, 덕성을 갖춘 사람이라면 누구나 그리스도교에 반감을 가지는 것이 당연한 일"이라고 말한다.

또한 그리스도교 역사에서 일어났던 수많은 범죄와 학살은 광신에서 비롯된 것이며, 그런 사실을 감추기 위해 가장 선하고 정직해야 할 자들이 오히려 신의 이름으로 조작과 은폐를 서슴지 않았다고 고발한다. 그는 "고귀한 생명을 얼마나 죽여야 광신의 수레바퀴를 멈출까? 순교자를 얼마나 더 만들어야 역사를 조작하는 짓을 그만둘까?" 하고 묻는다.

"광신은 사람의 등 뒤에서 소리 없이 다가온다. 일단 한번 광신에 물들면, 자신이 잘못된 것인 줄 모르게 된다. 자신과 같은 의견이 아닌 모든 사람이 틀렸다고 단정하게 되고 결국에는 불신자들을 죽여야 한다는 무시무시한 결론에 다다르게 된다"고 지적한다. 그래서 "광신이라는 정신의 질병은 이성의 빛을 쬐는 것, 즉 관용을 통해 벗어날 수 있다"고 말한다. 즉 광신은 불관용에서 태어난 괴물이라는 것이 볼테르의 결론이다. 그는 관용의 정신 없이는 인류의 발전도 문명의 진보도 있을 수 없다고 생각했다. 그래서 평생 동안 교회 권력을 지속적으로 비판하고 조롱했던 것이다.

덧붙이면, 종교적 광신에 대한 볼테르의 공격은 그리스도교에만 국한되지 않았다. 그는 1736년 「광신 또는 예언자 무함마드Le fanatisme, ou Mahomet le Prophete」라는 제목을 희곡을 집필하였다. 그는 여기에서 무함마드를 "사기꾼" "거짓 예언자" "위선자" "광신자"로 묘사하며, "가장 위험한 것이 무엇인지, 그리고 광신자가 성취하는 것은 그 어떤 것이든 가장 공포스러운 것"이라면서 이슬람의 창시자에게도 가차 없는 비판의 화살을 날린다.

당시 그리스도교를 향한 볼테르의 공격은 교회가 두려워할 만큼 굉장한 효과를 낳았다. 그렇지만 그의 생각에 반대하는 사람들은 그가 전통적 가치들의 토대인 그리스도교 정신을 무너뜨리려 할 뿐 아니라 질서와 규율을 파괴한다고 비판했다. 물론 이는 편협한 불평에 지나지 않는다. 그런 비판에 대해서는 "천연두처럼 감염되는 정신병"이 퍼질 경우 그 새로운 치료법을 찾을 때까지 가만히 손 놓고 있을 수는 없지 않느냐고 가볍게 응수할 수 있다. 그리고 당시의 교회 권력을 "무고한 사람을 죽이고 인간의 이성을 마비시키는 정신병"에 비유하는 것은 결코 부당한 일이 아니다.

볼테르가 말년에 고발해서 세상에 알려지게 된 '칼라스 사건'(1762)

이 좋은 예가 될 것이다. 자신들과 종교가 다르다는 이유로 무고한 사람을 모함하여 죽음에 이르게 한 칼라스 사건을 통해 우리는 광신의 맨얼굴을 온전하게 볼 수 있다. 광신은 이처럼 범죄를 저지르게 할 뿐 아니라 자신들의 잘못조차 깨닫지 못하게 만든다. 볼테르가 칼라스 사건의 과정에서 집필한『관용론Traité sur la tolérance』(1763)은 종교적 광신에 맞서 관용을 부르짖은 저항의 소산이었던 것이다.

3

그리스도교는 오랜 세월 모진 박해와 탄압 속에서도 믿음을 지키며 살아남았다. 그리고 오늘날 지구상에서 가장 많은 인구가 믿는 종교가 되었다. 그리스도교는 언제나 스스로를 "사랑의 종교" "평화의 종교"라고 말한다.

"믿음과 희망과 사랑, 이 세 가지는 언제까지나 남아 있을 것입니다. 이 중에서 가장 위대한 것은 사랑입니다"(고린토전서 13:13)만큼 그리스도교를 잘 표현한 말이 있을까. "원수를 사랑하고 너희를 박해하는 사람들을 위하여 기도하여라"(마태오 5:44)라는 말만큼 예수의 정신을 잘 표현한 말이 있을까. 볼테르조차도 "모든 종교 가운데 그리스도교는 가장 큰 관용을 고양시키는 종교이고, 자비와 이웃에 대한 사랑은 박해와 모순되는 것"이라고 말한 바 있다. 문제는 사랑의 종교, 평화의 종교 그리스도교가 사랑이 아닌 돈을 좇고, 평화를 추구하기보다는 갈등과 분쟁을 조장하고, 관용하기보다는 배척하고, 권력을 추구하고, 불의와 손을 잡고, 가진 자들의 편에 서 있지 않은가 하는 것이다.

오늘날 한국의 그리스도교는 어떤가? 한국의 그리스도교는 볼테르가 검토하고 지적했던 비판에서 자유로울 수 있을까? 자신만이 옳다는 생각에 다른 이들을 억압하거나 적대적으로 대하고 있지는 않은가. 진리를 독점하고 있다는 아집에 사로잡혀 불관용을 선동하고 있지는 않은가. 낮고 가난한 사람들의 아픔을 감싸고 껴안기보다는 그들을 멸시하거나 배척하고 있지는 않은가. 예수의 길을 따르기보다는 맘몬의 길을 따르고 있지는 않은가. 만인의 교회가 아닌 나만의, 내 가족만의 교회를 세우고 있지는 않은가. 왜 교회는 커져야 하고, 울타리는 높이 쌓아올려야 하며, 돈과 신자는 점점 많아져야만 하는가?

볼테르가 맞서 싸워야 했던 18세기의 교회 권력과 그로부터 수백 년이 지난 21세기 한국 그리스도교의 현실은 그리 멀리 떨어져 있지 않은 것 같다. 볼테르가 겨냥한 과녁들은 안타깝게도 여전히 유효한 것이 현실이다. 올바른 가르침보다 과녁들에 들러붙은 온갖 미신에 집착하는 한 사랑의 종교, 평화의 종교는 언제까지나 광신의 늪에서 허덕일 수밖에 없다.(편집자)

찾아보기

「마법사 멀린」 22, 30

「소폼파네아스」 250

「아가雅歌」 49, 50, 113

「악마 로베르」 30

「에몽의 4형제 이야기」 30

「콘스탄티누스의 기증」 197

「통 이야기」 31, 103, 110, 251

「필로파트리스」 78

『70인역 성서』 93~4

『가르강튀아』 43

『가르강튀아와 팡타그뤼엘』 43

『걸리버 여행기』 47, 56

『고백록』 73, 245

『관용론』 260

『광란의 오를란도』 26, 42

『교회사』 116, 161, 181

『그리스도교의 진리에 관하여』 247, 249

『그리스인에 대한 권고』 141~2

『니고데모 복음서』=『빌라도 행전』 114,
124

『돈키호테』 26, 69

『바울로와 테클라 행전』 84, 124

『배교자들에 관하여』 167

『변신이야기』 87

『사도의 헌법』 117

『사막 교부들의 역사』 214

『세계』 244

『스콜피온』 138

『스트로마타』 36, 141

『신학대전』 68

『신학체계』 151

『십이족장의 유언』 121

『아틀란티스 이야기』 56

『에녹서』 122~3

『예수의 생애』 66~7

『외투에 관하여』 138

『요한묵시록 해설』 244

『요한행전』 91

『이단논박』 145

『정통파들에 대한 답변』 130

『제2호교론』 129

『철학서간』 256

『켈수스를 논박함』 67, 138, 171

『클라비쿨라 살로모니스』 98

『티마이오스』 150

『팡세』 9, 246

『프로뱅시알』 245

『헬라인들에게 주는 강론』 131

『호교서』 90, 133, 135

『황금전설』 160, 163, 184

4대복음서 91~4, 113, 124, 128

ㄱ

가니메데스 142~3, 149
가믈리엘 84~5
가브리엘(천사) 33
가함바르 39
갈레리우스 막시미아누스 178, 181~2, 189
갈루스 201
검열 256
게오르기우스 208
고리고니우스 177
고마르 208
관용 138, 155, 177, 215, 259~262
광신(자) 52, 53, 61, 63~4, 78~9, 85, 91,
    95, 106, 108, 116, 121, 128, 135~6,
    144, 154~5, 157, 166, 171, 182, 191,
    213, 216~7, 220~1, 236, 246, 252,
    256, 259~62
교황 5, 8, 99, 110~1, 125, 159, 166, 191,
    195, 197~8, 223~9, 234~5, 252, 255,
    259
교황파 50, 62, 197, 224, 228, 234, 253
그노시스(파) = 영지주의 91, 138, 140~1,
    179, 190~1, 216
그라티아누스 216
그럽 스트리트 54, 96
그레고리우스 타우마투르구스 172~3
그레고리우스(나지안조스) 206, 209, 213
그레고리우스(니사) 160
그로티우스 6, 34, 243, 247~52
그리스도론 140, 211

길스칼레 84
깁슨 97

ㄴ

남색 44, 143, 149, 232
네스토리우스 211, 219~20
노바티아누스 192
노스트라다무스 53
뉴턴 20~1, 30, 131, 244
느부갓네살 54~5
니케아 공의회 72~3, 116, 151, 171, 195,
    197, 215, 227
니코메디아 97, 178, 182, 196

ㄷ

다곤 신전 37
다마스쿠스 63, 85, 102
다윗 42, 48~9, 123, 188
대립교황 191~2
데카르트 133, 244
데키우스 83, 167, 192
도나투스(파) 192~3, 215
도드웰 161
도르가 78, 169
도미니코회 62
도미티아누스 100, 123
두마쿠스 90
뒤부아 34
디모테오 81
디아나 160, 163~4
디오클레티아누스 162, 177~8, 181~6,
    192

ㄹ

라마 5, 8
라블레 43, 220
라우렌시오 159
라자로 92
라합 42, 112
락탄티우스 97, 151
레베오=타대오
레위인(레위족) 21, 44, 121
레이디 블랙캐어 27
렘판 36~7
로마 가톨릭 6, 27, 50, 72~3, 207, 232,
    253~4
로마서 79
로베르 드 프랑스 228
로크 131, 257
루가(복음서) 87, 89, 92~4, 105~6, 124,
    136
루이 13세 249~50
루이 14세 173, 233
루카누스 247
루크레티우스 139
루키아누스 78~9
루터 229
루틸리우스 137
뤼나르 161, 166
르클레르 20
리코프론 249
리키니우스 187

ㅁ

마노 33

마니(교) 178~80, 183, 215~6, 228
마르첼루스 127~8, 158
마르코(복음서) 69, 92, 124, 167
마르쿠스 아우렐리우스 204
마르키온(파) 179, 191
마리아(동정녀) 66, 68, 81, 86~7, 90, 93,
    103, 149, 152, 211
마요리누스 192
마카리우스 200
마태오(복음) 67, 70~1, 84, 87~9, 92, 105,
    124, 149, 188, 236, 261
마헤르 샬랄 하스 바스 102
막센티우스 186~7
막시무스 216
막시미아누스 헤라클레스 187
만나 25, 113
말보로 공작 158
말브랑슈 133, 138
메나드 164
메난드로스 141
메르쿠리우스 68, 143
메리 여왕 203
메시아 61~3, 122
모세(서) 19~26, 29, 31, 33~4, 36, 80, 98,
    101, 112, 122, 153, 213, 249
모세오경 19, 20, 26, 30~1, 34, 93, 248
무녀 48, 53, 96, 97, 164
무슬림 5, 83, 222
무신론(자) 34, 206, 235
무지왕 존 224~5
무함마드 5, 83, 209, 222
물질Muth 38

미들턴 199

미리야 66~8

미셈=물에서 건져낸 이 23~4, 33

미신 62, 137, 143, 155, 188, 202~3, 206,
213, 216, 253, 262

ㅂ

바가우다이 162

바라스 98

바르나바 81, 84

바르바라 230

바르톨로메오 축일 학살 183, 203, 229

바리사이파 62, 74, 99

바빌로니아(인) 31, 66, 180

바빌론 30~1, 103, 125

바실리데스 190

바울로 77~84, 106, 114, 116, 124, 136,
143

바칸테 164

바쿠스(백Back) 23~4, 27, 37, 142~4, 164

박해 11, 85, 92, 97, 99, 100, 137, 155, 159,
163~4, 167, 173, 177~8, 180~4,
192, 202~3, 207, 215~7, 219, 226,
228~30, 237, 251, 259, 261~2

발도파 228

발렌티누스(파) 179, 190

발렌티아누스 1세 214~6

밧세바 42, 49, 188

배교자 167, 184, 192, 201~2, 205, 213

베냐민 지파 44

베드로 78, 81~2, 90, 92, 108, 114, 124~7,
169, 170, 193

베들럼 정신병원 68, 244

베른하르트 폰 갈렌 233

베스파시아누스 86, 156

벰보(추기경) 80

보쉬에 6

보헤미안 157

볼링브룩 4, 34, 225, 243, 256~8

볼테르 4, 54, 186, 225, 256~262

불가타 54~5, 73

불관용 137~8, 166, 215, 266

브라운(로버트) 77

브루투스 204, 220

블랙모어 97

빈첸시오 198

빌라도 75, 99, 114~5, 124

ㅅ

사다이 52

사도신경=신경 72~3, 190, 197

사도행전 36, 78, 85, 124, 128, 169, 170

사두가이파 62, 74, 99, 101

사르디카 공의회 203

사마리아(인) 31, 50, 54, 102

사무엘 30, 46~8, 188

사울 47~9, 53, 85, 104

사투르누스 134, 189

사투르니누스 65, 190

삼손 44

삼위일체 90, 130, 148~51, 160, 195, 198,
203, 206, 211, 215, 235, 251, 253

삽피라 169~70

샤를 9세 203

샤를마뉴 32, 223~4, 227

샤바르 33

서큐버스 129~30

선악과 39

성변화 222, 226, 235

성육화 72, 253

세르기우스 95

세르돈 191

소돔 44, 144

소치니 251

소치안드레 165

소크라테스 130

소포니아 54, 122

소포클레스 141

솔로몬 49, 57, 61, 98, 188

순교(자) 36, 90, 92, 100, 155, 158~62,
    165~6, 184, 189, 190, 216, 230, 259

스미스필드 70

스위프트(조너선) 31, 103, 220, 247

스테파노 36, 84, 101

스토아(철학, 학파) 203~5, 208, 210, 220

시드카야 54

시빌라(무녀, 예언) 95~7, 110, 129, 247

신경 → 사도신경

신명기 20, 28~9

신성 모독 29, 219, 231

실베스테르 197

심포로사 162

십계명 212

십자군 183, 224

ㅇ

아각 47~8

아기온 프뉴마 68

아나니아 169, 170

아담 39, 122~3, 130

아르노비우스 131

아리스토텔레스 130

아리우스(파, 주의) 6, 72, 193~6, 199, 200,
    202~3, 213~4, 221, 223, 235

아말렉 47, 112

아모리스인 43

아바디 20, 26, 34, 45, 51, 133, 246~7

아브라함 79, 82, 122, 146

아블라비우스 189

아스톨포 42

아우구스투스(황제) 65, 93~4

아우구스티누스 73, 133, 171, 180, 244~5

아일랜드 학살 사건 183, 229

아키스 48

아타나시우스(주의) 6, 72~3, 116, 193~6,
    199, 200, 203, 213, 215, 221, 235

아테네 89, 130, 137, 167, 247

아틸라 109

아폴론 97, 142, 144

아폴리나리스 72

아폴레이우스 156

악마 퇴치 98~9, 171

안키라 127, 163

안토니누스 129, 253

안티노스 143

알렉산데르 6세 111, 234

알렉산드로스 193, 195~6

알렉산드로스(대왕) 143

알비파 183, 228

알크메네 68

암브로시우스 171, 218

암피온 42

압디아스 124~7

앙리 4세 203

야고보 42, 80, 84, 90, 128, 161

야엘 44

야호 38

얀 데 라이데 64

얀 후스 229

얀센(파, 주의) 62, 64, 78, 245~6

에덴동산 39, 211

에비온파 179

에세네파 62, 74, 99, 101

에스쿨라페 135

에제키엘 55~6, 63

에즈라 31~2

에클레시아 89

에페소스 공의회 171, 211, 219, 220

에피파니오 149

에피포드 162

에픽테토스 204

엘로힘 52 여호와 35, 42아도나이 52엘리
자베스(여왕) 203

여호수아(서) 20, 41~2, 98, 112, 213

열왕기 39, 63

영국 국교회 10, 253

영지주의 → 그노시스

예레미야 31~2, 54~5

예루살렘 31~2, 46, 54, 56, 62, 65, 70, 80,

86~8, 98, 101, 103, 106, 108, 110,
129, 145, 156

예리코 41~2

예수회 68, 183, 229, 245~6

예슈트 67

오론테스 23

오르페우스 24, 141

오리게네스 67, 90, 138, 140, 148~9,
151~3, 167, 171~2, 191

오블라 161

오비디우스 87, 247

오피오네 38

오홀라 56

오홀리바 56

외경 21, 91~2, 97, 114, 122

요나 56, 249

요르단 강 20, 41

요셉 32, 113, 122, 143, 250

요셉 판테라 66, 68

요카남 66

요코티엘 33

요한(세례자, 복음) 62, 65, 69, 70, 74, 78,
90~2, 107, 109, 114, 116, 128, 146,
149

우리아 49, 188

우리엘 아코스타 10

우상숭배 97, 165, 190

울러스턴 70

울피아누스 168

위클리프 229

유다 55, 62, 66~7, 99, 103, 109, 123~5,
146, 213

유대교 6, 19, 23, 32, 36, 66, 75, 79, 88, 97,
    100~4, 121, 140, 155, 161, 215, 248
유리피데스 141
유세비우스 116, 123, 161, 178, 183, 193,
    196, 200
유스타키우스 230
유스티누스 114, 129~31, 133, 145, 149,
    191
유신론(자) 222, 236
유월절 26
유티케스 220
유프라테스 강 32, 208, 210
율리아누스 6, 95, 201~14
율리우스 201, 204~5, 220
이교(도) 77, 89, 96, 129, 131, 137, 142,
    149, 157, 164, 166, 173, 178, 208,
    213, 215, 217, 238
이그나시우스 161
이단 72, 90, 140, 145, 149, 172, 178~9,
    183, 193, 195, 216~7, 220, 228~9,
    245
이레네우스 91, 145~6
이사야 56, 62, 102~3
이시스(교) 156~7
이신론 257
인큐버스 129
임마누엘 102~3

ㅈ

장 르클레르크 64
재세례파 64
적그리스도 145, 258

점성술(사) 179, 180, 248, 250
제네시오 38, 162
조나라스 184
조시무스 183, 188,
조지 폭스 64, 75
종교개혁 64, 228~9,
종교재판(소) 183, 230
종말론 109
주피터 32, 68, 96, 142, 202
쥐리외 53
질투하는 하느님 157
징가로 157

ㅊ

찰스 1세 110~1, 230
창세기 38~40, 121, 212, 237
천황 8
체칠리아누스 192
출애굽기 33, 153
츠빙글리 229

ㅋ

카르포크라테스 190
카밀루스 220
카스토르 27
카시아누스 162
카토 204, 220
칸디디아누스 189
칼데아(인) 28~9, 39, 40, 52, 210
칼라스 260
칼리굴라 40, 65
칼리프 224, 228

칼뱅(파, 주의) 6, 64, 78

케루빔 36, 63, 92, 211

켈수스 67, 138, 171

코란 8, 53, 83

코르넬리우스 95, 192

코스모고니아 38

콘데미르 180

콘스탄스 201

콘스탄티노플 121, 196, 200, 206, 220~2

콘스탄티누스 1세 97, 151, 177, 181,
    186~91, 196~7, 199~202, 206

콘스탄티누스 2세 201

콘스탄티우스 201~6

콘스탄티우스 클로루스 181

콘윌 35, 185

콘즈버리 경 34, 243, 252

퀘이커교 64, 75, 252

크롬웰 111, 230

크리소스토무스 121, 171

크리스티안 2세 234

클라우드 96

클라우디아 프로쿨라 124

클라우디우스 65

클라크 10, 244

클레멘스(알렉산드리아) 36, 140~2, 144,
    148

키리니우스 93~4

키릴로스 211, 213, 217~9

키케로 144, 254

키프리아누스 92, 167, 191~3, 215

ㅌ

타대오=레베오 109, 124

타르수스 83~4

타르퀴니우스 204

타마르 42

타키투스 100

타타르인 8

타티아누스 131

터키인 8

테르툴리아누스 90, 110, 114, 123, 133~9,
    145, 191

테베 42, 162, 185, 202

테오고니아 38

테오도레트 206, 209

테오도리쿠스 223

테오도시우스 109, 214~6, 218

테오도투스 162~6, 184

테오필루스 228

테온 217

테쿠사 164

테클라 84, 124

토리당 257

토마스 뮌처 64

톨런드 70

트라야누스 100

티르 신전 29

티르소스 164

티베리우스 65, 96, 114~6, 156

티베리우스 칙령 116

티투스 50, 90, 138, 198, 205

틸로트슨 71

ㅍ

파라오 32~3

파스칼 9, 87, 243, 245~7

판타이노스 167

펀치 220

페니키아(인) 24, 29, 31, 37~9, 52, 168, 211

페레키데스 38

페르페투아 160~1

펠리치타 160

펠릭스 173

포타미엔 162

포타미외나 230

폴리윅트 158~9

폴리카르푸스 162

폼페이우스 138

표트르 1세 253

풀케리아 218

프란치스코회 62

프랑크푸르트 시노드 227

프로메테우스 173

프로심노스 142~3

프리스카 182

프리실리아누스 216

플라비우스 요세푸스 23, 62, 100

플라톤(철학) 40, 76, 130~1, 144, 150~1, 180, 194, 210, 217, 252

플뢰리 173, 181

플루타르크 100

플루톤 32

피오니우스(성인) 230

필론 40, 62, 100

필리스티아 37, 47~8

필리푸스 83

ㅎ

하드리아누스 143, 156, 162, 227, 255

하사엘 63

하와 39

할례 79~81, 101, 156, 248

해방자 61~2

헤게시푸스 123, 127~8

헤라클레스 27, 44, 142, 187, 202, 249

헤로데 61~3, 70, 74, 87, 116

헤로도토스 29

헤르마스 191

헤르모게네스 191

헤시오도스 141

헤페스티온 143

호메로스 97, 141

호세아 54~6

호시우스 197

혼돈 상태 38

화형 73, 159, 183, 228~9, 237

회중파 77

휘그당 10

휘스턴 6, 243

히다스페스 강 23

히아킨토스 142, 144

히에로니무스 73, 84, 152, 171

히파티아 217

힌두교 232